Collin Hansen
és Jonathan Leeman

A gyülekezet újrafelfedezése

Miért nélkülözhetetlen Krisztus Teste?

EVANGÉLIUMI KIADÓ

A házi csoportomnak:
akik együtt vészelitek át a világjárványt, maradjatok együtt
Collin

Testvéreimnek, a Cheverlyi Baptista Gyülekezet tagjainak
Jonathan

A könyv eredeti címe és kiadója:
Rediscover Church: Why the Body of Christ Is Essential

Copyright © 2021 by Collin Hansen and Jonathan Leeman

Published by Crossway a publishing ministry of Good News Publishers
Wheaton, Illinois 60187, U.S.A.

Thiseditionpublishedb y arrangement with Crossway.
All rights reserved.

Magyar kiadás:
© 2021 by Evangéliumi Kiadó és Iratmisszió

A másként nem jelölt bibliai idézetek a Magyar Bibliatársulat (Bibliatanács, MBT) megbízásából 1975-ben kiadott, majd 1990-ben javított bibliafordításból valók. Ehhez igazítottuk az igehelyek versszámozását, mely helyenként eltér az angol számozástól.

9Marks ISBN 978-1-955768-56-6

A magyar kiadás jogainak tulajdonosa és a kiadásért felel
az Evangéliumi Kiadó és Iratmisszió
1066 Budapest, Ó utca 16.
www.evangeliumikiado.hu
Felelős szerkesztő: Vohmann Péter és Lemperger Róbert
Tördelés: K. Őr Erzsébet

Készült: *fotoGOLD Nyomda* 2021/048, Budapest
Felelős vezető: Borvető Béla

Tartalom

Bevezetés 7
1. Mi a gyülekezet? – *Jonathan Leeman* 13
2. Ki lehet egy gyülekezet tagja? – *Collin Hansen* 23
3. Valóban össze kell gyűlnünk? – *Jonathan Leeman* 35
4. Miért központi jelentőségű az igehirdetés és a tanítás?
   – *Collin Hansen* 45
5. Csakugyan be kell lépni? – *Jonathan Leeman* 57
6. Valóban szeretetteljes dolog a gyülekezeti fegyelem?
   – *Jonathan Leeman* 71
7. Hogyan szeressem a másfajta tagokat? – *Collin Hansen* ...85
8. Hogyan szeressük a kívülállókat? – *Collin Hansen* 95
9. Ki vezet? – *Jonathan Leeman* 105
   Zárszó: Nem az áhított gyülekezetet kapjuk, hanem jobbat 117
   Köszönetnyilvánítás 125

Bevezetés

Az olvasónak sok oka lehet arra, hogy ne járjon gyülekezetbe. Az utóbbi világjárvány idején sokan abba is hagyták a gyülekezet látogatását – egyes becslések szerint ez a gyülekezetbe járók egyharmadát is jelentheti. Talán az olvasó is közéjük tartozik. Ám ez a könyv segíteni igyekszik visszatalálnunk a gyülekezetbe. Vagy talán segíthet első ízben rádöbbennünk, miért akarja Isten, hogy fontosnak tartsuk a helyi gyülekezet életében való elkötelezett részvételt.

Egyszerűen fogalmazva: a gyülekezet nélküli keresztyén bajban levő keresztyén.

Régen elmúlt az az idő, amikor legalább azt feltételezhettük, hogy Jézus Krisztus odaszánt hívei tudják, miért kell törődniük a gyülekezettel. Sokkal többen mondják magukat keresztyénnek, mint amennyien hetente részt vesznek az összejöveteleken. A szolgálat és az adakozás zömét pedig általában kevesen végzik. Tehát nem arról van szó, hogy a Covid-19 hirtelen meggyőzte az embereket arról, hogy nincs szükségük a gyülekezetre. Emberek milliói már azelőtt meghozták ezt a döntést, hogy az összegyűléshez online regisztrációra, távolságtartásra és maszkra lett volna szükség.

Ám a Covid-19 felgyorsította a személyes hit és a szervezett hitélet régóta tartó elkülönülését. A korlátozások a váratlanságuk és határozatlan időtartamuk révén mindnyájunkat megleptek. S miután hónapokra kizökkentünk a megszokott kerékvágásból, nehéz visszaszokni. Ez a probléma nem csak a gyülekezetet érinti. Próbáljunk meg visszatérni az edzőterembe, miután hónapok óta félünk megjelenni ott.

A gyülekezetbe járást akkor is elég nehéz lenne folytatni, ha csak az okozná a gondot, hogy egy halálos betegség sokkal hosszabban megakadályozott minket ebben, mint bárki várta volna. Azonban a Covid-19 elkapásától való félelem lehet a legjelentéktelenebb dolog, amely sok keresztyént meggyőzött arról, hogy távol maradjon a gyülekezettől. A maszkokkal, védőoltásokkal és sok egyébbel kapcsolatos viták megosztották a gyülekezeti tagokat, akik otthonaikban ragadtak és súlyos figyelmeztetésekkel meg összeesküvés-elméletekkel teli Facebook-bejegyzésekhez tapadtak. A közösségi média megjelenése előtt a keresztyének sokkal jobban kedvelték egymást. Ha elvész az egy tető alatti hetenkénti közös istentisztelet élménye, máris megkopnak a szeretet kötelékei.

Ám ez még nem minden. A politika még megosztóbbnak bizonyulhat. Hogyan imádhatják Istent a keresztyének olyan emberekkel együtt, akiknek a fontossági sorrendje ennyire eltérő? A keresztyének persze azonos nézeteket vallhatnak olyan dolgokat illetően, mint a Szentháromság, a keresztség, sőt a végidőkkel kapcsolatos tanítás. De mire jó ez, ha közelebb érezzük magunkat a politikai szövetségeseinkhez, akik talán nem is keresztyének?

A lelkipásztorokról ne is beszéljünk! Hallották a panaszainkat. Miért nem kerestek meg minket, amikor otthon rostokoltunk? Egyáltalán mivel töltötték az idejüket a világjárvány idején? Az online prédikációk unalmasak voltak, ha valaki egyáltalán törődött a meghallgatásukkal a hosszú bezártságtól bekattant gyerekek zavaró jelenléte közepette. Az átlagos lelkipásztorok egyébként sem foghatók azokhoz a bátor vezetőkhöz, akik tévéinterjúkban és cikkekben kertelés nélkül megküzdöttek a problémákkal. Ráadásul minden korábbinál könnyebb volt bűntudat nélkül megnézni mások lelkipásztorainak online prédikációit a saját gyülekezetünk alkalmai helyett. Tudtuk, hogy soha senki nem fogja megtudni, mivel egyébként sem találkozhattunk személyesen a lelkipásztorainkkal.

Igen, mindnyájunknak sok okunk van arra, hogy ne menjünk vissza a gyülekezetbe. Sok gyülekezet nem is számít arra, hogy valaha visszatérünk. Virtuális gyülekezeteket indítanak, és virtuális lelkipásztorokat szerződtetnek. Vasárnaponként nem kell korán kelni. Nem kell szépen felöltözni. Nem szükséges parkolóhelyet keresni. Nem zavarnak minket mások síró kisbabái. Nem kell csevegnünk olyan emberekkel, akiknek a politikai nézetei taszítanak bennünket. Nem muszáj elnyomnunk az ásítást egy hosszú igehirdetés alatt. Nem kell szánkba vennünk a kenyeret és a bort.

A gyülekezet jövője?

Van hát jövője a gyülekezetnek? A virtuális gyülekezeté a jövő? Igen is, meg nem is. Ezért szeretnénk könyvünkben meggyőzni az olvasót a személyes gyülekezetlátogatás fontosságáról. Nem a naivitásunk miatt tesszük ezt, mintha nem tudnánk elképzelni, miért küszködhet valaki a helyi gyülekezetével. Ellenkezőleg: aki szereti a gyülekezetet, annak meg kell tanulnia megbocsátani a keresztyéneknek és elviselni őket. Isten nem azért hív minket gyülekezetbe, mert az kényelmes hely, ahol némi szellemi bátorításra lelhetünk. Nem, Ő a beilleszkedésre képtelen emberek és számkivetettek szellemi családjába hív bennünket. Olyan otthonba fogad be minket, amely ritkán felel meg az elvárásainknak, ám pontosan megfelel a szükségleteinknek.

Próbáljuk meg felidézni, milyen volt a gyülekezet a világjárvány előtt. Amikor körülnéztünk az énekelni, imádkozni és Isten Igéjét hallani öszszegyűlt emberek körében, talán úgy gondoltuk, hogy mindenki örömmel van ott. Talán csendben hallgatták az igehirdetést, vagy hangos áment kiáltottak, amikor meg akartak erősíteni valamit. Lehet, hogy fölemelt kézzel követték a dicsőítő csapatot, vagy az énekeskönyvbe mélyedtek. Talán szívélyes kézfogással vagy barátságos köszönéssel búcsúztak, netán gyors „áldás, békesség" szavakkal távoztak.

Azonban egy mosolygós arcokkal teli gyülekezetben is csal néha a látszat. A világjárvány próbára tette a kapcsolatainkat, és a derűs összkép mögül felszínre hozott némi fájdalmat és félelmet.

A gyülekezetben minden mosolygós arc mögött egy történet rejlik. Egy család otthontól egészen az épület küszöbéig veszekedett. Egy özvegy olyan veszteséget gyászol, melyet már mindenki más elfeledett. Egy magányos lélek az Isten jóságával kapcsolatos kétellyel és egész életének fájdalmával, szenvedésével küszködik. Talán a lelkipásztor is azon tűnődik, hogyan kérheti a gyülekezetet Jézus követésére, miután a héten maga is oly sokszor elbukott ebben.

A gyülekezetünkben hétről hétre sosem lehetünk egészen biztosak mások érzéseit és gondolatait illetően, függetlenül attól, hogyan néznek ki. Abban sem lehetünk egészen biztosak, hogy miért jönnek el az emberek.

Ezért nem tudjuk azt sem, hogy ki fog visszatérni. Az egyik ember alaposan megvizsgálta a különféle gyülekezetek tanbeli álláspontját, mielőtt kiválasztotta volna a legmegfelelőbbet. Másvalaki csak barátokat keresett az új lakóhelyén. Van, aki gyülekezetről gyülekezetre vándorol, és sosem találja a megfelelőt. Olyan is akad, aki nem tud elképzelni olyan okot, amiért otthagyná a gyülekezetet, ahol felnőtt, s jelen volt minden mérföldkőnél, beleértve a születést, a házasságkötést és a halált. Csupán a látszat alapján saját gyülekezetünkben sem tudhatjuk soha a teljes történetet.

Miért akarjuk hát újra fölfedezni a gyülekezetet? Mi késztethet arra minket, hogy vasárnap reggel ismét kikászálódjunk az ágyból, vagy szerda este, a munka után megint otthagyjuk a kanapét? Egyéb lehetőségek közepette miért térnénk vissza egy adott gyülekezethez? Egyáltalán minek törődjünk a keresztyénséggel? A világjárvány idején a világ aligha gyászolta a gyülekezet hiányát. Egyébként is, mi a gyülekezet? Mentálisan és érzelmileg erőtlen emberek önsegítő klubja? Hasonlóan gondolkodó és szűk látókörű emberek politikai akciócsoportja? Régi énekeket kedvelő emberek közösségi szolgálatot végző szervezete?

A gyülekezet már a halálos fertőzés veszélye előtt is egyre furcsábbnak tűnt korunkban, amikor a környékbeliek ritkán gyűlnek össze meghitten beszélgetni, csendben tanulni és lelkesen énekelni – különösen, ha a téma egy ősi könyvből való, amely olyan furcsa szokásokról ír, mint az állatáldozat, és amelynek a keresztyének abszolút tekintélyt tulajdonítanak.

Pontosan mi történik akkor, amikor gyülekezetbe megyünk? Nem csupán olyan dolgokra gondolunk, mint a prédikáció, az éneklés és az úrvacsora (bár ebben a könyvecskében mindegyikről és egyebekről is szólunk), hanem arról, ami a mosolyokon, az énekeken, a Szentírás felolvasásán túl történik. Isten terveiről és céljairól beszélünk – mert a gyülekezetünk sokkal több, mint ami szemmel látható. Valójában a gyülekezet Isten szeme fénye – a Test, melyért Jézus Krisztus a saját testét adta. A gyülekezet nélkülözhetetlen.

Ezért használja Isten a legbensőségesebb emberi kapcsolatot – a házasságot – annak megmagyarázására, ami a gyülekezetünkben történik. Pál apostol a következőket írja, miközben az efezusi gyülekezetet tanítja a házassággal kapcsolatban:

Férfiak! Úgy szeressétek feleségeteket, ahogyan Krisztus is szerette a Gyülekezetet[1], és önmagát adta érte, hogy a víz fürdőjével az ige által megtisztítva megszentelje, így állítja maga elé a Gyülekezetet dicsőségben, hogy ne legyen rajta folt, vagy ránc, vagy bármi hasonló, hanem hogy szent és feddhetetlen legyen (Ef 5,25-27).

Pál ebben a szakaszban segít következtetéseket levonnunk egy általunk ismert kapcsolatból – a házasságból –, hogy a gyülekezetünket illetően megértsünk valamit, amit nem látunk. A férjek az életükről lemondva szeretik a feleségüket.

Ugyanígy, Jézus Krisztus – Isten egyetlen Fia, aki a Szent Szellemtől fogantatott, Szűz Máriától született, Róma parancsára megfeszíttetett, harmadnapon feltámadt a halálból – lemondott önmagáról a Gyülekezetért. A kereszten bemutatott áldozata révén megbocsátott mindenkinek, aki elfordul bűnétől, és bízik Benne. Azért lehetünk szentek, mert Jézus odaadta a testét. Ahogy a testünket tápláljuk és gondozzuk, úgy táplálja és gondozza Krisztus is a Gyülekezetet (Ef 5,29).

Gondoljunk erre akkor is, amikor a mellettünk ülő idős hölgy túl sok illatszert használ, az előttünk ülő férfi rosszkor tapsol, és a messzebb ülő barátunk elfelejt felköszönteni minket a születésnapunkon. Még nehezebb erre emlékeztetni magunkat, amikor egyedül vagyunk otthon, mert a Test esetlen tagjai is (és különösen ők) emlékeztetnek bennünket arra, hogy mindenki csak és kizárólag kegyelemből közeledhet Istenhez. Senki sem vásárolhat ülőhelyet ennél az asztalnál. Csakis meghívással kerülhetünk oda.

Akár hisszük, akár nem, a gyülekezetünk még ennél is érdekesebb. Pál apostol elmondja a korintusi hívőknek: „Ti pedig Krisztus Teste vagytok, és egyenként annak tagjai" (1Kor 12,27). Igen, a gyülekezetünk maga Krisztus Teste. Ez a diakónusok testületének elnökeként szolgáló bankárról éppúgy elmondható, mint a gyógyulófélben levő alkoholistáról, aki nem tudja elnyomni az izzadságszagát. Az ajtóban a belépőket mosolyogva fogadó fiatal nőre ugyanúgy vonatkozik, mint az óvodai alkalmazottra, akit még sosem hívtak

---

[1] Nagybetűvel utalunk az egyetemes Gyülekezetre. Inkább ezt a szót használjuk az egyház helyett, az utóbbit az intézményes egyházak megnevezésére tartva fenn. A görög Újszövetség a helyi és az egyetemes gyülekezet esetében is az ekklészia szót használja. (Szerk.)

randevúra. Ha megtérve bűnbánatot tartottunk, és elhittük Jézus halálának és feltámadásának jó hírét, akkor mindnyájan Krisztushoz – és egymáshoz – tartozunk. Pál azt mondja a rómaiaknak: „Mert ahogyan egy testnek sok tagja van, de nem minden tagnak ugyanaz a feladata, úgy sokan egy Test vagyunk a Krisztusban, egyenként pedig egymásnak tagjai" (Róm 12,4-5).

A gyülekezetünk Krisztusban tökéletes – kifogástalan. Ez világjárvány és politikai zűrzavar idején is igaz. A gyakorlatban – amint azt már tudjuk (vagy idővel látni fogjuk) – a gyülekezetünk olyan tagokból áll, akik még mindig vétkeznek Isten és egymás ellen, noha a Szellem megszenteli őket. Rálépnek a lábunkra. Elfeledkeznek róla, hogy gyermekfelügyeletet vállaltak. Sértő dolgokat mondanak. Bűnös részrehajlást tanúsítanak. És még sorolhatnánk.

Ám miközben könyvünkben segítünk visszatalálni a gyülekezethez, emlékeztetnünk kell magunkat arra, amit nem látunk. Azért térünk vissza, mert Istenhez tartozunk, mert Krisztus odaadta a testét. S ezzel az önfeláldozással létrehozta hívőknek egy testületét minden törzsből, nyelvből, nemzetből és népből (Jel 5,9). Ebben a Testben egyetlen ember sem fontosabb a másiknál, mert mindenki egyedül kegyelemből, csakis hit által tagja. Nem részesülnek kedvezőbb elbánásban a gazdagok, sem a fontos emberek (Jak 2,1-7). Mivel mindent Krisztusnak köszönhetünk, mindent megosztunk egymással: „ha szenved az egyik tag, vele együtt szenved valamennyi, ha dicsőségben részesül az egyik tag, vele együtt örül valamennyi" (1Kor 12,26).

Istenhez és egymáshoz tartozunk. Egy Test, sok tag – minket is beleértve. Sok okunk van arra, hogy mellőzzük a gyülekezet újrafölfedezését, de egy okból muszáj megtennünk: mert Isten az említett, általunk nem nagyon kedvelt emberek révén akarja megmutatni az irántunk való szeretetét. Csakis ez a fajta szeretet csalogathat elő minket önmagunkból egy olyan közösségbe, amely felülmúlja a beteg világunkat szétszaggató erőket. Lényegében ez az egyetlen módja annak, hogy együtt gyógyulásra találjunk.

Mindezen túlmenően a gyülekezetünk az a hely, ahol Krisztus az állítása szerint egyedi módon jelen van. Azt a kijelentést is megkockáztatnánk, hogy a gyülekezeteink jelentik azt a helyet, ahol a menny megérinti a földet – ahol először hallgattatnak meg az imádságaink: „jöjjön el a te országod, legyen meg a te akaratod, amint a mennyben, úgy a földön is".

1.
Mi a gyülekezet?

Jonathan Leeman

Lehet, hogy gyermekkorunkban a szüleink magukkal vittek minket a gyülekezetbe. Velem ezt tették. Egyes dolgok tetszettek, mások nem. Többek között szerettem a gyülekezet épületében bújócskázni a többiekkel. Tágas, zegzugos épület volt, váratlan folyosókkal, ajtónyílásokkal és lépcsőházakkal – tökéletes terepet kínált a bújócskázáshoz. Ha megkérdezték volna tőlem, mi a gyülekezet, alighanem az épületre mutatok.

Gimnazistaként a péntek esti ifialkalmakat találtam a legérdekesebbnek a gyülekezetben. Élveztem az énekeket, a vidám jeleneteket és a rövid áhítatot. De ha megkérdezték volna tőlem, eszembe jutott-e már csatlakozni a tényleges gyülekezethez, nem tudtam volna, mit is feleljek. Valószínűleg egy vállrándítással elintéztem volna a kérdést mint lényegtelen dolgot.

Főiskolás koromban abbahagytam a gyülekezetbe járást. Továbbra is elhittem a keresztyénség igazságait, legalábbis a fejemben. De jobban vágytam a világra, mint Jézusra. Ezért élvezettel belevetettem magam a világba. Amennyire meg tudom állapítani, névleges keresztyén voltam – csak a nevem volt keresztyén. A Megváltómnak mondtam Jézust, de Ő semmiképpen nem volt az Uram. „Hittem", de nem mondhattam el magamról, hogy „megtértem és hittem", pedig Jézus erre hív minket. Ha megkérdezték volna tőlem, mi a gyülekezet, valószínűleg azt felelem: „olyan emberek csoportja, akik Jézust akarják követni, én pedig ezért nem akarok köztük lenni". Ironikus módon minél messzebbre tértem el a gyülekezettől, annál jobban megértettem a mibenlétét.

Az olvasó hogy van ezzel? Föltette már magának a kérdést: mi a gyülekezet?

Az igehirdetés és az emberek

1996 augusztusában befejeztem a főiskolát, és Washingtonba költöztem, ahol állást kerestem. Egyik keresztyén barátom beszélt a városban levő gyülekezetükről. Kissé bűntudatom volt az életmódom miatt, de leginkább azért döntöttem úgy, hogy elmegyek, mert mélyebb és jelentőségteljesebb életre vágytam. Nem emlékszem, miről szólt azon a vasárnap délelőttön a prédikáció, de emlékszem, hogy aznap visszatértem a vasárnap esti istentiszteletre, a következő szerda estén pedig a bibliaórára. Az azt követő héten mindez megismétlődött: elmentem vasárnap délelőtt, vasárnap este és szerda este. Az addigi gyülekezetkerülés helyett hirtelen hetente háromszor kezdtem látogatni azt. Senki sem kényszerített erre. Valami vonzott.

Valójában *valaki* vonzott – a Szent Szellem –, és két dolgot használt fel. Először is a lelkipásztor, Mark igehirdetését. Sosem hallottam ehhez foghatót. Mark szégyenkezés nélkül, a Bibliában versről versre, fejezetről fejezetre haladva hirdette az Igét.

Egyik vasárnap például Mark az Ószövetség egyik nehezen emészthető fejezetéről beszélt, amely Józsué könyvében található. Isten megparancsolta Józsuénak, hogy hatoljon be egy kánaáni városba, és öljön meg minden férfit és nőt, öreget és fiatalt, valamint a marhákat, juhokat és szamarakat is. Mark felolvasta a szöveget, ránk nézett, és várt egy kicsit.

Mit fog most mondani? – tűnődtem. *Ez a szöveg felháborító!*

Mark végül így szólt: „Ha keresztyén vagy, akkor tudnod kell, miért van a Bibliában egy ilyen szöveg."

Álljunk csak meg! Mi van?

Mark kijelentése eleinte bosszantott. *Tudnom kellene, miért van a Bibliában? Miért nem mondod el nekem, miért van a Bibliában, hisz te vagy az igehirdető!*

Ám pillanatnyi gondolkodás után kezdtem megérteni Mark kijelentését. Az ilyesféle igeversek arra emlékeztetnek minket, hogy Isten nem tartozik nekünk magyarázatokkal. Mi tartozunk Neki számadással. Nem Isten áll bíróság előtt, hanem mi. Ő a teremtő és a bíró. Csak Ő adhat életet és veheti el azt.

Nem emlékszem, mit mondott ezután Mark. A lényeg az, hogy máris megváltozott a világom. Más formát öltött a valóság. Kissé más szemmel láttam mindent – hasonlóan ahhoz az újfajta látásmódhoz, amelyre idősödve teszünk szert, de ez egy pillanat alatt történt. Kialakult bennem a meggyőződés: *Isten az Isten. Én nem vagyok az.*

A jó igehirdetés hétről hétre elvégzi ezt a munkát. Hűen feltárja a Bibliát, megváltoztatja lelki szemeinket, segít Isten szemszögéből látni a világot a sajátunk helyett. A 4. fejezetben alaposabban átgondoljuk majd az igehirdetést.

Ám a Szent Szellem nem csak az imént említett igehirdetés révén vonzott abba a gyülekezetbe. Az embereket is felhasználta. Egy Dan nevű ember meghívott az otthonába, hogy szombat délelőttönként a családjával együtt reggelizzek és tanulmányozzuk Ézsaiás könyvét. Egy nyugdíjas házaspár – Helen és Hardin – meghívott vacsorára, akárcsak egy másik idősebb házaspár, Paul és Alice. A gyülekezet kedvesen és szívélyesen fogadott. Washingtonban volt néhány nem keresztyén barátom a főiskoláról, de egyre több időt akartam tölteni ezekkel az új, gyülekezeti barátaimmal, és a főiskolás barátaimat is hívtam, hogy csatlakozzanak hozzánk.

Ez a gyülekezet a szeretetével és az elkötelezettségével másfajta élet képét tárta elém. Korábban azért éltem, hogy magamat szolgáljam. Ők azért éltek, hogy Istent és az embereket szolgálják. Kérkedésre és mások bírálatára használtam a szavaimat. Ők bátorításra fordították azokat. Úgy beszéltem Istenről, mintha a filozófiakönyv egy fejezete volna. Ők úgy beszéltek Istenről, mintha ismernék Őt. Én a hétvégi bulit akartam élvezni, ők pedig Krisztust.

A gyülekezet a városról is más képet tárt elém. Washingtonban voltunk, ahol mindenki az 1996 őszén esedékes választásokról beszélt. A gyülekezeti tagok is élvezték az ilyen beszélgetéseket. Néhányan haza is utaztak, hogy hetekig kampányoljanak a képviselő- vagy szenátorjelölt főnökeik mellett. Ám ezek az emberek úgy beszéltek a politikáról, mintha az csupán *fontos* volna. A város azt várta tőlük, hogy a *legfontosabb* dologként kezeljék azt. A gyülekezeti tagokat *érdekelte* a közélet sorsa, a város azt akarta, hogy *bálványként* imádjuk a politikát.

Emiatt a gyülekezetben a politikai kultúrát nyugodtabbnak, kevésbé eszeveszettnek, tiszteletre méltóbbnak éreztük. Mivel egyetértettünk a valóban legfontosabb dolgokban – például az örök igazságosság forrásában –, ez lehetővé tette, hogy szeretettel vitába szálljunk egymással olyan fontos dolgokat illetően, mint az igazságosságot leginkább szolgáló politikai stratégiák.

A hagyományos demográfiai választóvonalak is kevésbé érvényesültek. Húszas éveim elején járó egyedülálló férfi voltam. Idővel egyre több estét töltöttem hetvenes éveiket taposó házaspárokkal és egy nyolcvanas éveiben járó özvegyasszonnyal. Ebben a gyülekezetben kötöttem először jelentőségteljes és mély barátságot kisebbséghez tartozó testvérekkel.

Egyszóval megtanultam, hogy Isten városa akkor is más ütemre lép, ha részt vesz e világ városainak egyes polgári és kulturális felvonulásain.

Ha akkoriban megkérdezték volna tőlem, mi a gyülekezet, nem tudtam volna szabatos választ adni. Ám a gondolataimban egyre fontosabb helyet foglalt el ez a két dolog: az igehirdetés és az emberek – az evangéliumi szó és az evangéliumi társaság. Tudtam, hogy a gyülekezet valamiképpen összefügg olyan emberek csoportjával, akik azért gyűlnek össze, hogy Isten Igéje formálja őket. Így másfajta emberekként kezdenek együtt élni – olyan népként, amely a világban van, de nem a világból való.

A helyes felfogás fontossága – mennyei élet

Hadd tegyem fel ismét a kérdést: az olvasó szerint mi a gyülekezet?

Ha nem gondoljuk át alaposan ezt a kérdést, akkor azt kockáztatjuk, hogy megfosztjuk magunkat attól a vonzó és jó dologtól, amelyet Isten az Ő családja révén szán nekünk. Ugyanis a gyülekezetről alkotott *felfogásunk* formálja az *életünket* és az *életmódunkat*.

Gondoljunk például arra, hogy ma az emberek úgy beszélnek egy gyülekezetbe való „belépésről", mintha az egy klub volna. Vagy „elmennek a gyülekezetbe", mintha az egy épület lenne. Esetleg „élvezik a gyülekezetet", mintha egy showműsort néznének. Milyen elképzelések nyilvánulnak meg, amikor így beszélünk a gyülekezetről? És ezek az elképzelések hogyan formálják a gyülekezetünkhöz való viszonyulásunkat? Azt hiszem, megkönnyítik, hogy hetente csak másfél órát gondoljunk a gyülekezetünkre, egyébként pedig figyelmen kívül hagyjuk azt.

„De hiszen – halljuk a Szentírás szavát – a gyülekezet valójában Isten családjának, Krisztus Testének és a Szellem templomának összejövetele és közössége." Ha tehát továbbra is gondatlanul úgy kezeljük a gyülekezeteinket, mintha alig volnának többek kluboknál, épületeknél vagy műsoroknál, akkor lemaradunk arról a rengeteg támogatásról és áldásról, amelyet Isten nekünk akar adni.

Ez a könyv segíthet újra fölfedezni a gyülekezetet, hogy *megértsük,* mi a gyülekezet, és így fölfedezzük, milyen gazdag életet *élhetünk* Isten családjának tagjaiként, milyen öröm Krisztus Testének tagjaként *élni,* összekapcsolódva a Test többi részével, és milyen erő rejlik abban, ha ellenkultúrát képviselve az Isten mai földi lakóhelyéül szolgáló szent templom egyik téglájaként *élünk.* Szeretnénk, ha az olvasó megtapasztalná mindezeket az előnyöket és áldásokat egyrészt a saját érdekében, másrészt a nem keresztyén barátai és ismerősei érdekében.

Mindenekelőtt a nem keresztyén barátainknak nemcsak az evangéliumi szavainkra van szükségük, hanem egy olyan evangéliumi közösségre is, amely a szavaink igazságát tanúsítja. Szeretnénk, ha a gyülekezetünk életét látva azt mondanák: „Isten valóban megváltoztatja az embereket. És Ő valóban igazságos és igaz várost épít – itt, a gyülekezetben" (lásd 1Kor 14,25; Zsid 11,10).

Gondoljunk csak bele: az amerikai politikai vezetők régóta úgy beszélnek Amerikáról, mint „hegyen épült városról". Ám a gyülekezet újbóli megismerése részben azt a felfedezést jelenti, hogy *a gyülekezeteinknek* kellene lenniük e hegyen épült városoknak, akár az Egyesült Államokban élünk, akár bármely más országban. Akár keresztyének vagyunk, akár nem, mindnyájunknak erre van leginkább szükségünk a kulturális és politikai zűrzavar mai világában.

A menny ma nem egy nemzet által fog a földre szállni. És egyetlen nép körében sem szállt a földre azóta, hogy Isten az ókori Izráel Templomához kötötte jelenlétét.

Ám figyelemre méltó, bámulatos és elképesztő módon az újból fölfedezni kívánt gyülekezetünk az a hely, ahol a Biblia szerint a menny és a föld közelít egymáshoz:

- Itt közelített el a mennyek országa (Mt 4).
- Itt, a földön valósul meg Isten akarata úgy, mint a mennyben (Mt 6).
- Itt halmozzuk fel a mennyei kincseket (Mt 6).
- Itt, a földön kötjük meg és oldjuk fel azt, ami a mennyben is kötve és oldva lesz (Mt 16; 18).
- Mi vagyunk a mennyei templom (1Kor 3; 1Pt 2).

A menny az egybegyűlt gyülekezeteinken keresztül érinti a földet. S amikor ez megtörténik, honfitársainknak egy jobb nemzet reményét kínáljuk, városunk lakóinak pedig egy jobb és maradandó város reményét.

Bármilyen kihívásokkal kell is szembenéznünk amerikai vagy nem amerikai állampolgárként, etnikai kisebbséghez vagy többséghez tartozó emberként, gazdagként vagy szegényként, az igazságos és békés társadalomba vetett reményünk nem alapulhat e világ országain. Magán a Királyon kell alapulnia, aki a helyi gyülekezetnek nevezett erődökben építi mennyei országát.

Mi a gyülekezet?

A Biblia mindenféle metafora segítségével felel erre a kérdésre – Isten családja és háza népe, Krisztus Teste, a Szellem temploma, az igazság oszlopa és alapja, Krisztus menyasszonya, Krisztus nyája stb. E metaforák mindegyike csodálatos dolgokat árul el a gyülekezeteinkről. Mindegyik metaforára szükségünk van, mert nincs hozzá fogható más szervezet, testület vagy nép. A bevezetésben érintettünk már néhányat, és a könyv további részeiben is szó esik majd róluk.

Ám alább bemutatjuk a gyülekezet bibliai meghatározását, s a könyv hátralevő részében ezt fogjuk kifejteni:

A gyülekezet olyan keresztyének csoportja (2. fejezet),

↓

akik Krisztus mennyei országának földi követségeként jönnek össze (3. fejezet),

↓

hogy hirdessék Krisztus, a Király jó hírét és parancsait (4. fejezet),

↓

az Ő alattvalóiként a rendelések által erősítsék egymást (5. fejezet),

↓

s maga Isten szentségét és szeretetét tükrözzék (6. fejezet),

↓

egységet alkotó, ugyanakkor sokszínű népként (7. fejezet)

↓

az egész világon (8. fejezet),

↓

az elöljárók tanítását és példáját követve (9. fejezet).

Végre tagként

Néhány hónappal a Washingtonba érkezésem után az egyik új barátom hívott, hogy csatlakozzak a gyülekezethez. Valójában arra hívott fel, hogy költözzek a gyülekezet férfiházába, de csak a gyülekezet tagjai lakhattak a házban. Az Egyesült Államok parlamentjének is otthont adó dombon álló szép sorház volt – kívánatos környék! –, és olcsó volt a lakbér. „Persze, belépek a gyülekezetbe! Mondd el, hogyan kell jelentkezni!" – feleltem. Amit én anyagi haszonnak szántam, azzal Isten a javamat kívánta szolgálni.

A gyülekezet megkért, hogy mielőtt belépnék, vegyek részt több tagfelvételi órán, és beszélgessek el a lelkipásztorral, Markkal. Miután gyülekezetben nőttem föl, tudtam a helyes válaszokat. A gyülekezet 1996 novemberében megszavazta, hogy a tagok közé kerüljek.

Ha akkoriban megkérdezték volna tőlem, mi a gyülekezet, azt hiszem, homályos és általános választ adtam volna. Viszont emlékszem, hogy miután egyszer Markkal ebédeltem, visszajövet azzal a kérdéssel ostromoltam, hogy miért ragaszkodik a gyülekezetünk a „baptista" megjelöléshez. Huszonhárom éves koromban efféle dolgokba kötöttem bele.

Igaz, ami igaz, az első évben félig bent voltam, félig kint. Szombat esténként a nem keresztyén barátaimmal buliztam. Vasárnap délelőtt gyülekezetbe jártam. Mintha egy fenékkel két nyeregben próbáltam volna ülni. Tudjuk, hogy ez nem tarthat örökké.

Ám az Úr kegyelmes volt. Apránként megváltoztatta a vágyaimat, és kezdtem teljesen átülni az egyik lóra. Elindultam a bűnbánat és a megtérés ösvényén, s Megváltóként és Úrként tekintettem Jézusra. Érdekessé vált számomra a Biblia. Drágává váltak a keresztyén barátaim. Egyre ostobább, sőt gyűlöletes dolognak tűnt a bűn.

A megtérés magában foglalta ifjúságom bűneinek elhagyását – azokat a dolgokat, amelyekre az ifjúsági lelkészek figyelmeztetni szokták a középiskolásokat.

Ám a bibliai megtérésnek van egy testületi összetevője is. Esetemben ez azt jelentette, hogy felhagytam a független, autonóm egyénként élt élettel. Csatlakoztam egy családhoz, és felelősséget vállaltam értük. Azt jelentette, hogy más keresztyéneket hívtam az életembe, s kínos beszélgetéseket folytattam, melyek magukban foglalták a bűnvallást vagy a gyengeség elis-

merését. Azzal járt, hogy idősebb férfiakat kerestem, akiktől tanultam, és
fiatalabb férfiakat is, akiket tanítottam. Arra indított, hogy vendégszeretetet tanúsítsak új vagy szükségben levő emberek iránt. Megtanított együtt
örülni vagy szenvedni az örülőkkel és a szenvedőkkel.

Másként fogalmazva: a megtérés mindig szeretettel jár. Jézus mondta:
„Új parancsolatot adok nektek, hogy szeressétek egymást: ahogyan én szerettelek titeket, ti is úgy szeressétek egymást! Arról fogja megtudni mindenki, hogy az én tanítványaim vagytok, ha szeretitek egymást" (Jn 13,34-35).

Figyeljük meg: Jézus nem azt mondja, hogy a nem keresztyének arról
fogják megtudni, hogy az Ő tanítványai vagyunk, ha szeretjük *őket* – bár ez
is igaz. Azt mondja, hogy az *egymás iránti* szeretetünkből tudják meg ezt.
Érdekes, nem? Hogy lehetséges ez?

Nézzük csak meg még egyszer, miféle szeretet ez: „ahogyan én szerettelek
titeket..." Hogyan szeretett minket Jézus? A bűnt elhordozó, önfeláldozó, kegyelmet adó szeretettel. „Isten... abban mutatta meg rajtunk a szeretetét, hogy
Krisztus már akkor meghalt értünk, amikor bűnösök voltunk." (Róm 5,8)

Mi a gyülekezet? Olyan emberek csoportja, akik tudják, hogy Krisztus
szereti őket, és elkezdték hasonlóan szeretni egymást. Így szerette Mark,
Dan, Helen és Hardin, Paul és Alice a 23 éves, egy fenékkel két nyeregben
ülő Jonathant.

Sőt, a gyülekezetünk tagjai ma is így szeretik Collint és engem – megbocsátó, elnéző, türelmes szeretettel. És mi is így próbáljuk szeretni őket.

Olyan szeretet ez, amelyről a külső világban élő nem hívőknek nemcsak
a szavainkból kellene hallaniuk, hanem látniuk is kéne azt a közös életünkben, hogy így beszéljenek: „Mi is kérünk ebből! Csatlakozhatunk?"

„Ó, barátom – feleljük –, előbb hadd mondjuk el, honnan származik
ez a szeretet."

Ajánlott olvasmányok

Dever, Mark. *The Church: The Gospel Made Visible* (A Gyülekezet – A láthatóvá
tett evangélium). Wheaton, IL: Crossway, 2012.

Hill, Megan. *A Place to Belong: Learning to Love the Local Church* (Egy hely, ahová tartozhatunk – A helyi gyülekezet megszeretése). Wheaton, IL: Crossway,
2020.

A gyülekezet olyan keresztyének csoportja,

↓

akik Krisztus mennyei országának földi követségeként jönnek össze,

↓

hogy hirdessék Krisztus, a Király jó hírét és parancsait,

↓

az Ő alattvalóiként a rendelések által erősítsék egymást,

↓

s maga Isten szentségét és szeretetét tükrözzék,

↓

egységet alkotó, ugyanakkor sokszínű népként

↓

az egész világon,

↓

az elöljárók tanítását és példáját követve.

2.
Ki lehet egy gyülekezet tagja?

Collin Hansen

GYERMEKKOROMBAN A CSALÁDOM gyakran járt gyülekezetbe. De nem minden héten. A gyülekezet nem volt különösebben fontos része az életünknek. Azt gondoltam, hogy valahányszor elmegyünk oda, mindenki más elítél minket, amiért az előző héten/hetekben nem voltunk ott. Talán csakugyan ezt tették, de valószínű, hogy nem. A legtöbben szintén nem jártak minden héten. Miközben a családommal hátul ültünk, sok kérdésem volt az evolúcióról és a dinoszauruszokról. Arra a következtetésre jutottam, hogy amikor a mi nemzedékünk felnő, otthagyjuk a gyülekezetet mint az idősebb nemzedékeknek való ostoba téveszmét.

Elképzelhető a meglepettségem, amikor olyan tizenévesekkel kezdtem találkozni, akiket lelkesített Jézus és a gyülekezet. Ezt nem tartottam lehetségesnek. Azt hittem, hogy furcsa embernek, egyfajta számkivetettnek kell lennünk ahhoz, hogy valóban élvezzük a gyülekezetet. Ám ezek a fiatalok boldognak tűntek – én pedig nem voltam az. Úgy tűnt, hogy tőlem eltérően van céljuk és reménységük. Arra legalább hajlandó voltam, hogy elmenjek velük egy gyülekezeti csendes hétre. Ugyanakkor nehezen tudtam megérteni, mi töltheti el társaimat ilyen örömmel.

A csendes hét egyik napján világossá vált az ok. A Jézusba vetett hit nélkül a bűnünk miatt ítélet alatt állunk, elidegenedve Istentől. Ám Jézus áldozati kereszthalála által bocsánatot nyerhetünk a bűneinkre, ha megtérünk belőlük, vagyis elfordulunk tőlük. Mivel Jézus feltámadt a halálból, örökre békességben és közösségben élhetünk Istennel, aki három az egyben: Atya, Fiú és Szent Szellem.

Nem tudom megmondani, hallottam-e azelőtt a gyülekezetben ezt az üzenetet. Ha igen, nem fogtam fel úgy, ahogy azon a csendes héten. Ez örökre megváltoztatott. Megtértem. A változás azonnal nyilvánvaló volt a családom és a barátaim előtt – öröm, szabadság és remény töltött el. Miután átéltem ezt, közülük sokan hívőkké lettek. Később bemerítkeztem és csatlakoztam egy gyülekezethez. Ekkor megértettem, miért láttam olyan rossznak gyermekkoromban a gyülekezetet – azért, mert még nem tértem meg. A családom elvárta a kötelességtudó jelenlétet, de a lelkes részvételt nem. Újra föl kellett fedeznem a gyülekezetet, választ adva magamban a kérdésekre: ki lehet tag, és hogyan válik alkalmassá erre az ember?

Tehát ki léphet be egy gyülekezetbe? A bemerített keresztyének. Azok az emberek, akik újjászülettek, majd a bemerítkezés révén hívőknek vallják magukat. A gyermekkeresztséget valló barátaink persze azt mondják, hogy a hívők gyermekei is csatlakozhatnak a gyülekezethez, miután csecsemőként megkeresztelték őket (mint nem úrvacsorázó tagok). Ám abban mindenki egyetért, hogy felnőttek esetében az embernek újjá kell születnie és meg kell keresztelkednie ahhoz, hogy beléphessen egy gyülekezetbe. A keresztséget/bemerítést az 5. fejezetben tárgyaljuk majd. Most gondoljuk át a megtérést, megvizsgálva, miért elengedhetetlen része a gyülekezet újrafölfedezésének.

Ünneprontás

Ha hosszabb ideje járunk ugyanabba a gyülekezetbe, akkor jó eséllyel fogalmunk sincs, milyen furcsának érezheti azt egy látogató. Ha semmit sem tudunk a gyülekezetről, akkor az épületbe való belépés is bátorságot igényel. Hová menjünk? Mit mondjunk? Egyáltalán be szabad lépnünk? Akarja-e valaki, hogy bemenjünk, vagy számítanak-e ránk? Milyen ruhát vegyünk fel? S ha ez nem volna elég, a Covid-19 további kérdéseket vetett föl: az online vagy személyesen látogatható, szabadban vagy épületben tartott istentiszteletről, valamint a maszkhasználatot illetően – nem is beszélve az előírt védőoltásról.

Aki új a gyülekezetben, annak a nyelvezet is furcsa. A gyülekezeten kívül mikor hallottuk a *tiszteletes* szót? Hol ülnek még felnőttek padban? A zene sem ismerős. Manapság csak a gyülekezetben szokás orgonakísérettel énekelni. Amikor az istentiszteleten ugyanazokat a dalokat énekeljük, mint harminc éve, akkor azt „mai kersztyén zenének" nevezzük. A rádióban az ilyesmi retro slágerek néven fut. Néha a szag is egyedi. Valaki palackozhatná a dohos szőnyeg, olcsó kávé, hajlakk és eloltott gyertyák illatát, s nosztalgiaként árulhatná.

Ha az olvasó jó válaszokat talál a gyülekezettel kapcsolatos kérdéseire, akkor gratulálok! Ám kiderül, hogy a válaszok közösségtől függően változnak. Mi a különbség a baptista, római katolikus, metodista, református és anglikán gyülekezet között? Ráadásul egy amerikai baptista gyülekezet kinézetre, hangzásra és érzésre egész más lehet, mint egy ugandai baptista gyülekezet.

Egyszer igét hirdettem egy olaszországi pünkösdi gyülekezetben. A megszokott félórás prédikáció helyett feleannyira készültem föl, mert tudtam, hogy tolmácsolni kell. Amikor befejeztem, senki nem mozdult. Rájöttem, hogy nem kérdeztem meg, milyen hosszú prédikációkat szoktak tartani. Csak később tudtam meg, hogy egyórás tanítást vártak tőlem. Bizonyára becsapva érezték magukat. Ezek a szokások gyülekezetről gyülekezetre, felekezetről felekezetre és országról országra változnak.

Egy gyülekezet meglátogatása olyan érzés lehet, mintha tönkretennénk egy másik család ünneplését. Képzeljük el, hogy karácsonykor vacsoratájban bekopogunk valakihez. Az ott levők mindnyájan ismerik és szeretik egymást (legalábbis karácsonykor úgy tűnik). Mi viszont idegenek vagyunk. Tegyük fel, hogy csakugyan meghívnak minket az ünneplésre. A tömegkultúrának köszönhetően valószínűleg van egy általános elképzelésünk arról, amire számíthatunk. Étkezés és ajándékozás lesz. De az ételek fajtája a családi hagyományoktól függ, melyeket nemzedékek óta természetesnek vesznek. Az ajándékozás módja és a megajándékozottak köre szintén egyfajta sémát követ, melyet a családi hagyomány őrei hevesen védelmeznek. Ha elvétünk valamit, minden jelenlevő számára elrontjuk ezt a meghitt élményt.

Ilyen érzés lehet elmenni egy gyülekezetbe akkor is, ha a gyülekezet nagyon örül a látogatásunknak vagy a belépésünknek. Korábban szellemi családhoz hasonlítottuk a gyülekezetet. Mit jelent ez? Ahhoz, hogy egy család részévé váljunk, születésre vagy örökbefogadásra van szükség. S a Biblia csakugyan mindkét fogalmat használja az úgynevezett megtérés jellemzésére, ami a gyülekezet e szellemi családjába való belépés módja. Ahogy a születést vagy az örökbefogadást sem választjuk, úgy a megtérést sem. Vizsgáljuk hát meg, mit tanít a Biblia a szellemi születésről és örökbefogadásról mint a gyülekezethez való csatlakozás feltételéről.

Újonnan kell születnünk

Ha zavarosnak találjuk a szellemi születés fogalmát, nem mi vagyunk az elsők. Sőt, a szellemi születés Jézus első követőinek egyikét is gondolkodóba ejtette, és az Újszövetség egyik legismertebb párbeszédéhez vezetett. Jézus e követőjét Nikodémusnak hívták, és a János 3-ban olvashatunk róla. Ő a farizeusok közé tartozott. A zsidók e különösen törvénytisztelő csoportja gyakran vitatkozott Jézussal a törvény értelmezéséről. Nikodémus ezért kínosnak érezte nappal megközelíteni Jézust, nehogy az ellenséggel együtt lássák őt. Azonban Nikodémus nem tagadhatta mindazt, amit Jézustól látott. Nyilvánvaló volt, hogy Jézus nem vihetett volna véghez olyan csodákat, mint a víz borrá változtatása a kánai menyegzőn, ha nem Istentől jött volna. Ám Nikodémus még meg sem fogalmazta a kérdését, amikor Jézus „bombát" dobott rá: „Bizony, bizony, mondom neked: ha valaki nem születik újonnan, nem láthatja meg az Isten országát" (Jn 3,3).

Hogy micsoda? Nikodémus föltette a nyilvánvaló, tisztázó kérdést: Hogyan lehetséges ez? Miután az ember elhagyta az anyját, nem mászhat vissza bele. Jézus nem sokat pontosított a válaszában: „Bizony, bizony, mondom neked, ha valaki nem születik víztől és Szellemtől, nem mehet be az Isten országába" (Jn 3,5).

Ez a kulcsa az ebben a fejezetben föltett kérdéseinknek: Ki mehet be egy gyülekezeti épületbe, hogy meghallgasson egy istentiszteletet? A válasz így hangzik: Bárki! De ki tartozhat a gyülekezetnek nevezett szellemi családhoz? Csak azok, akik bementek Isten országába. Jézus szerint kizárólag olyanok, akik víztől és Szellemtől születtek – vagyis csupán olyanok, akik újjászülettek és megkeresztelkedtek. És ez hogyan valósul meg? Jézus megmagyarázta a zavarban levő Nikodémusnak: „Mert úgy szerette Isten a világot, hogy egyszülött Fiát adta, hogy aki hisz Őbenne, el ne vesszen, hanem örök élete legyen" (Jn 3,16).

Nikodémus azt hitte, hogy az ember csak akkor mehet be Isten országába, ha megtartja Isten törvényét és annak munkára és pihenésre, tiszta és tisztátalan ételekre, valamint különféle állatáldozatokra vonatkozó sokféle kikötését. Jézus forradalmian és egyszerűen foglalta össze a törvényt: higgy bennem, és az életemet adom érted.

Jézus azután kifejtette, hogy a majdani kereszthalála, amely a vereségének tűnik, Isten terve szerint valójában az igazságosság kielégítésének és a bűnök bocsánatának módja. Ő be is bizonyította ezt a halálból való feltámadása által. Mindazok, akik Jézusba vetik a hitüket, a haláluk után követni fogják Őt a mennybe. Amikor e világ véget ér, feltámad a testük, és élvezni fogják az örökkévalóságot, miközben Isten országában Jézus uralkodik. Mindazok, akik Jézusban hisznek, megmenekülnek Isten bűnnel szembeni ítéletétől. Akik viszont megtagadják Őt, azok engedetlenségükért örök büntetésben részesülnek (János 3,36).

Pál apostol később így fogalmazta meg ezt: „Ha tehát száddal Úrnak vallod Jézust, és szíveddel hiszed, hogy Isten feltámasztotta Őt a halálból, akkor üdvözülsz" (Róm 10,9).

Amikor először születtünk meg, örököltük a szüleinktől a bűnt, amely egészen Ádám és Éva eredeti lázadására nyúlik vissza (1Móz 3). Ezért kell újonnan születnünk, hogy ne reménység nélkül haljunk meg. Meg kell menekülnünk a bűn következményeitől, az örök haláltól és az Istentől, a teremtőnktől való örökös elválasztottságtól. De ahogy első ízben sem a kérésünkre születtünk meg, úgy az újjászületésünket is csak a teremtőnk idézheti elő. „Áldott a mi Urunk Jézus Krisztus Istene és Atyja, aki nagy irgalmából újjászült minket Jézus Krisztusnak a halottak közül való feltámadása által élő reménységre." (1Pt 1,3)

A Jézusba vetett hit tehát Isten ajándéka (Ef 2,8). S Isten örömmel megadja ezt az ajándékot azoknak, akik kérik. Mindazok megkapják, akik megtérnek, vagyis elfordulnak bűneiktől, és teljes hitüket csakis Jézus Krisztusba vetik, semmi és senki másba. Amikor az apostolok látták, hogy a megtérésnek ez az ajándéka nemcsak zsidóknak, hanem pogányoknak is megadatik, dicsőítették Istent (Csel 11,18). Isten követése azt jelenti, hogy minden másról lemondunk. Amikor újjászületünk, egészen Őhozzá tartozunk. A gyülekezet újrafölfedezése annak felismerését jelenti, hogy elsősorban miért gyűlünk össze. Azért jövünk össze, hogy imádjuk Istent – az Atyát, a Fiút és a Szent Szellemet –, aki kimentett minket a bűnből és a halálból. Ezt énekeljük. Ezt tanítjuk. Erről emlékezünk meg a bemerítésben és az úrvacsorában.

Megtérés nélkül, újjászületés nélkül nincs gyülekezet, melyet újra fölfedezhetnénk. Ha Jézus nem halt meg a bűneinkért, és nem támadt fel harmadnap, akkor a gyülekezetben nincs több remény, mint azon kívül.

Fiaivá és lányaivá fogadva

Évekkel ezelőtt a szeretteimmel beszélgettem a gyülekezetről. Tudták, hogy 15 éves koromban tértem meg, és számomra ez az esemény katartikus élmény volt. Amikor újjászülettem, minden megváltozott. A Biblia és az imádság révén megismertem Istent. Örömmel énekeltem Neki és Róla. Azt akartam, hogy minden barátom megtudja, hogyan születhet újjá. E szeretteim közül néhányan mégsem értették meg, bár megpróbálták. Velem jó kapcsolatban akartak maradni. Ezért megmondták nekem, hogy elmentek a gyülekezetbe. Tudtam, hogy semmit sem jelentett számukra az a közösség, és csak a kedvemben akartak járni. Ezért azt mondtam nekik, hogy hagyják abba a gyülekezet látogatását. Végre egy ötlet, ami tetszett nekik! Más módon is el tudták tölteni a vasárnap délelőttjeiket. Csak azt szerettem volna megértetni velük, hogy a gyülekezetbe járásnak nincs eredendő értéke, ha az embernek esze ágában sincs elhinni, amit énekel, hall és mond.

Nem biztos, hogy mindig javasolnám a gyülekezetbe járás abbahagyását mint evangelizációs stratégiát. Ám ebben az esetben szükség volt rá, mert a szeretteim olyan gyülekezetet látogattak, amely nem tanította egyértelműen a megtérést. Végül találkoztak egy másik lelkipásztorral, aki felhívta őket, hogy higgyenek Jézusban, és szülessenek újjá. Járni kezdtek a gyülekezetébe, ahol bemerítkeztek. S már húsz éve ahhoz a szellemi családhoz tartoznak.

A megtérés a gyülekezeten belül és kívül is megtörténhet. Lehet magányos élmény, vagy olyasmi, amiben osztozunk a barátainkkal és kortársainkkal. De mindig ahhoz kell vezetnie, hogy összekapcsolódunk egy gyülekezettel. Amikor a Biblia fiúvá fogadásnak nevezi a megtérésünket, akkor látjuk ezt a testületi összetevőt. A Galata 4,4-5-ben azt olvassuk: „De amikor eljött az idő teljessége, Isten elküldte Fiát, aki asszonytól született a törvénynek alávetve, hogy a törvény alatt levőket megváltsa, hogy Isten fiaivá legyünk." A „fiaivá" szó azt tükrözi, hogy az ókori világban a fiak az öröklés szempontjából kiváltságos helyzetben voltak. Azonban ez az ígéret minden férfira és nőre vonatkozik, aki Jézusban hisz. Amikor Isten a gyermekévé fogad minket, amikor megajándékoz bennünket a Fiába vetett hittel, akkor befogad bennünket a testvérek szellemi családjába – vagyis a gyülekezetbe.

Gondoljuk meg ezzel kapcsolatban a következőket. Az örökbe fogadott gyermek új szülőket kap. De új testvérekre is szert tesz. Amikor fiúvá lesz, testvérré is válik – ez két új, de eltérő kapcsolat. Amikor fiúvá válunk, szerzünk egy helyet a családi fényképen a testvéreink mellett. Éppen ez következik be a megtéréskor. Atyánk beilleszt minket a családi fényképbe, az új rokonaink közé.

Vizsgáljuk meg közelebbről ezt a családi fényképet. Isten az Atya, aki „előre el is határozta, hogy fiaivá fogad minket" (Ef 1,5). Az idő kezdete előtt egybegyűjtötte ezt a családot minden korból és helyről. Isten a Fiú, a bátyánk, akit az Atya elküldött, hogy kiszabadítson minket a bűn és a halál szolgaságából, hogy a család tagjaivá lehessünk (Róm 8,15; Gal 4,4). Isten a Szellem, aki bizonyságot tesz „a mi szellemünkkel együtt arról, hogy valóban Isten gyermekei vagyunk" (Róm 8,16). A fiúságban tehát a családi fénykép egy akciófotó. Három személy – az Atya, a Fiú és a Szent Szellem – működik együtt tökéletes összhangban az érdekünkben.

És hol vagyunk mi a fényképen? Isten fiaiként és lányaiként Krisztus örököstársai vagyunk (Róm 8,17; Gal 4,7). Ez azt jelenti, hogy részesedünk az Ő örökségéből (Ef 1,11.14). Mit jelent mindez? Pál apostol a Kolossé 1,16-ban tudtunkra adja: „minden Általa és Reá nézve teremtetett". Lehet, hogy a nagynénénk bőkezű volt, de ez az örökség felülmúlhatatlan. A családtagok nem mindig jönnek ki egymással. Ám a köztük levő családi kötelékek segítenek kitartaniuk a konfliktusok közepette. A közös vér diadalmaskodik. Ugyanez mondható el a gyülekezetről. Mivel a megtérés és a hit által megbékéltettünk Istennel, egymással is megbékéltettünk. A korai gyülekezetben Krisztus vére diadalmaskodott a pogányok és zsidók közti ellentéteken. E választóvonalhoz képest a mai gyülekezetben levő problémák enyhének tűnnek. De figyeljük meg a csodát, melyet a megtérés munkál ki, amikor zsidók és pogányok együtt hisznek az evangéliumban:

> „Ezért tehát nem vagytok többé idegenek és jövevények, hanem polgártársai a szenteknek és háza népe Istennek. Mert ráépültetek az apostolok és a próféták alapjára, a sarokkő pedig maga Krisztus Jézus, akiben az egész épület egybeilleszkedik, és szent templommá növekszik az Úrban, és akiben ti is együtt épültök az Isten hajlékává a Szellem által." (Ef 2,19-22)

Amikor egy gyülekezet együtt gyönyörködik a megtérés örömében, a hívők nagyobb távlatokban látják az őket még mindig megosztó dolgokat. Isten szent temploma nem rombolható le oly könnyen.

Elkülönítve

A gyülekezetem egyik elöljárójaként az egyik legnagyszerűbb feladatom az új tagokkal való elbeszélgetés. Az utóbbi mintegy öt évben az elöljárótársaimmal együtt több mint ezer új tagot fogadtunk be. Így sokak megtérésének történetét hallhattuk. Nem azért találkozom a tagság iránt érdeklődőkkel, hogy kivallassam őket, hanem csupán arról akarok meggyőződni, hogy átélték az e fejezetben leírt megtérést, és el tudják magyarázni azt másoknak, akik keresztyénné akarnak válni.

Minden ember története egyedi a család, a gyülekezet és az ifjúsági szolgálat szerepe szempontjából. Egyesek különösen gonosz bűnben éltek. A legtöbben nem tették. Ritkán találkozom olyan emberrel, aki egy időre nem sodródott el a gyülekezettől. Az ember hite általában nem egyezik meg pontosan a családjáéval, akik között felnőtt. Szeretem hallgatni ezeket az eklektikus történeteket az újjászületésük módjáról, és arról, mily különböző módokon képes Isten a családjába hívni embereket. Ez sosem válik unalmassá.

Időnként olyan emberrel is találkozom, aki szeretne belépni a gyülekezetünkbe, de nyilvánvalóan nem született újjá. Néha megkérem az illetőt, hogy fejtse ki Jézus jó hírét vagy evangéliumát, és ezzel az erővel akár a hatéves fiamat is megkérhetném, hogy magyarázza el Einstein relativitáselméletét. Csupán üres tekintettel merednek rám. Gyakrabban hallok olyan történetet, amely a gyülekezetről, az erkölcsről és a megpróbáltatásokról szól, de konkrétan szó sem esik a bűnről és Jézus üdvözítő kegyelméről. Az illető nem ment át a halálból az életbe, nem tért át az ítéletről a feltámadásra.

A lakóhelyem környékén a gyülekezetek elég gyakran fölvesznek olyan tagot, aki még nem tért meg. Mintha kevesen értenék meg, miért okoz ez gondot. Ám a Biblia olyan átalakulásként jellemzi a megtérést, amely Isten népét elkülöníti a világtól. Az örökkévalóságot megváltoztató élményként írja le. Ezt nevezték néha az Ószövetség írói az „új szövetségnek". Jeremiás próféta Isten nevében megígérte Izráelnek: „Törvényemet a belsejükbe helyezem, szívükbe írom be. Én Istenük leszek, ők pedig népem lesznek" (Jer 31,33). Ezékiel próféta valamivel később szintén Isten nevében szólva megelőlegezte azt, amit Jézus mondott Nikodémusnak: „Új szívet adok nektek, és új szellemet adok belétek: eltávolítom testetekből a kőszívet, és hússzívet adok nektek. Az én Szellememet adom belétek, és azt művelem veletek, hogy rendelkezéseim szerint éljetek, törvényeimet megtartsátok és teljesítsétek" (Ez 36,26-27).

Az efféle szakaszok nem olyan helyként jelenítik meg a gyülekezetet, ahol az emberek *úgy-ahogy* próbálnak jók lenni, és *úgy-ahogy* próbálják kisegíteni egymást, legalábbis ha az kényelmes. Nem, az új szövetség egészen a szívünkig hatol. Radikális változást eredményez. Arra késztet minket, hogy elforduljunk korábbi életünktől, és Krisztus felé forduljunk. A Szellem erejét adja, hogy megtartsuk az új szívekre írt törvényt.

A gyülekezeten belül nem ismerhetjük mindenkinek a valódi szellemi állapotát, sem azt, amit a szívük legmélyén hisznek. Ez azonban mit sem változtat a gyülekezeteink felépítésének bibliai tervén – annak *szándékán* és mindazon, amit gyakorolnunk kellene. Ha újjászülettünk, ha megtértünk bűneinkből, és Jézusba vetettük a hitünket, akkor a gyülekezet tagjai lehetünk. Nem kell beérnünk az értelem és cél nélküli kötelességvállalással, miközben a gyülekezet nélküli jövőről ábrándozunk, ahogy magam is tettem fiatalabb koromban. Amikor megtérünk, nem tehetünk mást, mint hogy imádjuk Istent. Alig várjuk, hogy Jézus más híveivel együtt összegyűljünk és dicsérjük Őt.

Ha már az összegyűlésnél tartunk...

Ajánlott olvasmányok

Keller, Timothy. *A tékozló Isten – és két elveszett fia*. Harmat, 2013.
Lawrence, Michael. *Conversion: How God Creates a People* (Megtérés – Hogyan hoz létre Isten egy népet). Wheaton, IL: Crossway, 2017.

A gyülekezet olyan keresztyének
csoportja,

↓

**akik Krisztus mennyei országának földi
követségeként jönnek össze,**

↓

hogy hirdessék Krisztus, a Király jó hírét
és parancsait,

↓

az Ő alattvalóiként a rendelések által
erősítsék egymást,

↓

s maga Isten szentségét és szeretetét
tükrözzék,

↓

egységet alkotó, ugyanakkor sokszínű
népként

↓

az egész világon,

↓

az elöljárók tanítását és példáját
követve.

3.
Valóban össze kell gyűlnünk?

Jonathan Leeman

VILÁGSZERTE EGYRE TÖBB POLITIKAI TÜNTETÉSRŐL hallunk. Amikor az állampolgárok politikai célok érdekében összegyűlnek és felvonulnak, felkeltik a figyelmet. Riporterek jelennek meg. Videokamerák indulnak el. Politikusok adnak interjúkat. Az otthonukban ülő emberek pedig a telefonjukra merednek, egymás után kattintgatva a linkekre. S miután eltelik néhány hét, az országgyűlés új törvényeket hozhat. Valamelyik állami szerv új irányelveket léptethet életbe. És megváltozhat egy nemzet öntudata, ha csekély mértékben is.

Az emberek csoportjaiban nagy erő rejlik – nemcsak amiatt, ami az összegyűlésükkor történik, hanem amiatt is, amivé a csoport *válik* közös erejük okán. A csoport mozgalommá nőhet, komoly befolyásra tehet szert. Jó vagy rossz irányú változást indíthat el a világban. Az egész több, mint a részek összessége.

A tudósok nem meglepő módon egész könyveket írtak a tömegek pszichológiájáról. Az összegyűlő emberek magukkal hozzák a vágyaikat és a panaszaikat. Egy karizmatikus előadó pedig felerősíti mindezeket. Az emberek körülnéznek, és látják, hogy a többiek bólogatnak. Egyetértő kiáltásokat hallanak. Az egyének rájönnek, hogy nincsenek egyedül. A vágyaik erősödnek. Akár tettekre is sarkallhatók, hogy építsenek vagy romboljanak.

Mi teszi annyira erőteljessé a gyűléseket vagy az összejöveteleket? Az, hogy fizikailag *ott* vagyunk. Látunk. Hallunk. Érzünk. Az összejövetel szó szerint körülvesz minket – eltérően attól, amikor a képernyőn nézünk valamit, testileg távol a nézett dologtól. Az összejövetel az egész valóságunkat meghatározza. Isten lélekké és testté alkotott minket, és valamiféle titokzatos módon egybeszövi a kettőt, úgyhogy ami a testet érinti, az a lélekre is hat. Egy összejövetelen átéljük azt, amit mások szeretnek, gyűlölnek, félnek és hisznek, s viszonylag gyorsan megváltozhat a felfogásunk azzal kapcsolatban, *ami normális* és *ami helyes*. A tömeg szeretete, gyűlölete, félelmei és nézetei a sajátunkká válnak. Ez nem meglepő. Isten „kiábrázoló" teremtményekké is tett minket (lásd 1Móz 1,26-28). A saját igazság(osság)ának képére alkotott meg bennünket, de mi úgy döntöttünk, hogy más dolgokat ábrázolunk ki. Így alakulnak ki a kultúrák. Jó és rossz értelemben egyaránt kiábrázoljuk, utánozzuk vagy másoljuk a körülöttünk levő embereket. Az összejövetelek egyszerűen felgyorsítják a folyamatot.

Azonban az összejövetelek nem csak a résztvevőikre hatnak erőteljesen. A kívülállókat is befolyásolják. Talán megesett már velünk, hogy egy parkban sétálva megláttunk egy tömeget, és a nyakunkat nyújtogattuk arrafelé. *Mi folyik ott?* – tűnődtünk. Ezért odamentünk a tömeg széléhez, és belestünk. Miért? Mert tudni akartuk, hogy olyasmi történik-e, amiről nem szeretnénk lemaradni – valami fontos vagy izgalmas dolog.

Máskor fölvesszük az okostelefonunkat, és látunk egy felvonulásról szóló híradást. *Ejha, ez nagy dolognak tűnik* – gondoljuk, és a linkre kattintunk.

Az összejövetelek megváltoztathatják egyes emberek életét, a kultúrákat, a világot. Erő rejlik bennük.

A gyülekezetek összejönnek – együtt lesznek egységgé

Akárcsak a politikai tüntetés, a gyülekezeti összejövetel is népet formál. Egyénileg alakít mindegyikünket, és testületileg kultúrává, erővé, mozgalommá gyúr bennünket. Isten városává formál minket. És az összejövetel a tüntetéshez hasonlóan látható tanúságtétel az egész világ előtt. Elmondja a világnak, hogy a menny polgárai vagyunk. *Mi folyik ott?* – tűnődnek a kívülállók.

Egyik lelkipásztor barátunk nemrég megállapította, hogy miután véget értek a Covid miatti korlátozások, a gyülekezete újból rájött, milyen mélyen „szellemi" az összejövetel. Ezt a szót használta: szellemi. Igaza van, az összejöveteleink szellemiek. Ám – ironikus módon –, legalábbis részben, azért szellemiek, mert fizikaiak.

Isten mindig is azt akarta, hogy az övéi fizikailag gyűljenek Hozzá. Ezért teremtett fizikai testet Ádámnak és Évának, s ezért járt velük az Éden kertjében. Csak akkor űzte el őket színe elől, amikor vétkeztek.

Isten azután összegyűjtötte Izráel népét az ígéret földjén, és meghagyta nekik, hogy rendszeresen gyűljenek össze a Templomnál, ahol Ő lakozott (pl. 5Móz 16,16; 31,10-12.30). Ismét vétkeztek, és ismét kiűzte őket a földről.

Talán a megtestesülés bizonyítja a legvilágosabban, hogy Isten együtt akar lenni összegyűlt népével. Isten Fia testet öltött magára. Aki *Istennél* volt és Isten volt (Jn 1,1-2), az testet öltött, hogy *közöttünk* lehessen (Jn 1,14). S Ő megígérte, hogy felépíti gyülekezetét – ami szó szerint „gyűlést" jelent (Mt 16,18).

Talán még sosem gondolkodtunk el azon, hogy Jézus miért a „gyülekezet" szót választotta. A Jézus korában élő zsidók zsinagógákban gyűltek össze, de Jézus nem a „zsinagóga" szót használta, hanem a „gyülekezet" kifejezést. Miért? A kérdésre azáltal adhatunk választ, hogy megvizsgáljuk a Biblia korábbi és későbbi cselekményét. Visszatekintve kiderül, hogy megjövendölték: Jézus össze fog gyűjteni egy népet, melyet a fogság szétszórt (lásd Jóel 2,16). Előretekintve megértjük, hogy Jézus azt akarta, hogy ezek a gyűlések vagy összejövetelek – ezek a gyülekezetek – megelőlegezzék a végső összegyűlést, ahol Isten újra a népe között fog lakozni: „Íme, az Isten sátora az emberekkel van, és Ő velük fog lakni" (Jel 21,3; lásd még 7,9 kk.).

Az egybegyűlt helyi gyülekezeteink Isten emberek közti jelenlétét tükrözik – ahol a menny a földre jön. „Ahol ketten vagy hárman összegyűlnek az én nevemben: ott vagyok közöttük." (Mt 18,20; lásd még 17. v.) Ez nem az interneten vagy a fejünkben történik meg, hanem akkor, „amikor öszszejöttök a gyülekezetben" – hogy Pál kifejezésével éljünk, amely arra utal, hogy a gyülekezet bizonyos értelemben nem gyülekezet addig, amíg egybe nem gyűlik (1Kor 11,18).

Az emberek néha szeretik azt mondani, hogy „a gyülekezet embereket jelent, nem pedig helyet". Valamivel pontosabb úgy fogalmazni, hogy a gyülekezet adott helyen összegyűlt embereket jelent. A gyülekezetet a rendszeres egybegyűlés vagy összejövetel teszi gyülekezetté. Ez nem jelenti azt, hogy a gyülekezet már nem gyülekezet, amikor az emberek nincsenek egybegyűlve, mint ahogy a focicsapat sem szűnik meg akkor, amikor a tagjai éppen nem játszanak. Csupán arról van szó, hogy a rendszeres egybegyűlés a gyülekezet elengedhetetlen összetevője, ahogy egy csapat is csak akkor lesz csapat, ha együtt játszanak.

Jézus így szervezte meg a keresztyénséget. Azt akarja a keresztyénségünk középpontjába állítani, hogy rendszeresen egybegyűlünk, találkozunk, tanulunk egymástól, bátorítjuk és helyreigazítjuk egymást, szeretjük egymást. Szellemi dolgok akkor történnek, amikor keresztyénként egymás mellé állunk, ugyanazt a levegőt szívjuk, éneklésben egyesítjük a hangunkat, ugyanazt az igehirdetést hallgatjuk, és egy kenyérből részesedünk (lásd 1Kor 10,17). Körülnézünk, és arra gondolunk: *Nem vagyok egyedül ebben a hitben. Mi mindent tehetünk együtt?*

Ebben sok a teológia. De nagyon tanulságos. Magyarázatot ad a Zsidókhoz írt levél alábbi szavaira is:

„Ügyeljünk arra, hogy egymást kölcsönösen szeretetre és jó cselekedetre buzdítsuk. Saját gyülekezetünket ne hagyjuk el, ahogyan egyesek szokták, hanem bátorítsuk egymást; annyival is inkább, mivel látjátok, hogy közeledik az a nap.

Mert ha szándékosan vétkezünk az igazság teljes megismerése után, nincs többé bűneinkért való áldozat, hanem az ítéletnek valami félelmes várása, amikor tűz lángja fogja megemészteni az ellenszegülőket." (Zsid 10,24-27)

Az összejövetelen szeretetre és jó cselekedetekre buzdítjuk egymást. Bátorítjuk egymást. És figyeljük meg a szerző figyelmeztetését: ha tovább vétkezünk mindezek elmulasztásával – beleértve az egybegyűlés elmulasztását –, akkor Isten ítéletére számíthatunk. Nahát! Ő komolyan veszi ezt.

Nem arról van szó, hogy a gyülekezetbe járás *teszi* keresztyénné az embert, hanem arról, hogy a keresztyének gyülekezetbe járnak. Ez azt tanúsítja, hogy bennünk van Krisztus Szelleme, és ezért Krisztus népével kívánunk lenni.

Isten Igéje a középpontban

Néhány fejezettel korábban elmondtam, hogy miután hosszabb ideig nem jártam gyülekezetbe, a Washingtonba költözésem után hetente háromszor kezdtem látogatni a közösséget. Korábban kerültem Isten népét, sőt kissé szégyelltem is a körükben lenni. Ám hirtelen és különös módon velük *akartam* lenni. Minden héten alig vártam, hogy a gyülekezettel lehessek.

Mi volt e változás mozgatórugója? Mindenekelőtt hallani akartam Isten szavát. Hiszen *ez* különbözteti meg a gyülekezeti összejöveteleket a politikai tüntetésektől és bármely más gyűléstől: Isten szavai köré gyűlünk öszsze: „amikor hallgattátok az Istennek általunk hirdetett igéjét, nem emberi beszédként fogadtátok be, hanem Isten beszédeként, aminthogy valóban az, és annak ereje munkálkodik is bennetek, akik hisztek" (1Tesz 2,13). A gyülekezeti összejövetelen Isten szól, s a föld lakói elmehetnek, hogy hallgassák Őt, és lássanak egy népet, amely az Ő Igéje körül gyűlik egybe. Pál azt ígéri, hogy amikor nem hívők jönnek el az összejövetelre, bűntudatra ébrednek, szívük titkai nyilvánvalóvá válnak, s leborulva imádják Istent, így kiáltva: „Isten valóban közöttetek van" (lásd 1Kor 14,24-25).

A Covid kihívása – az egybegyűlés mellőzése

A Covid világjárvány éppen azért jelentett kihívást a világ gyülekezeteinek, mert a szentek igen sok helyen nehézségekbe ütköztek, amikor egybe akartak gyűlni, hogy együtt tanulják Isten igéinek szeretetét. Miután a Covid korai időszakában néhány hónapja már nem tartottunk összejöveteleket, úgy éreztem, mintha kezdeném szem elől téveszteni a gyülekezetemet. A barátaim megkérdezték: Hogy boldogul a gyülekezeted? Nehezemre esett választ adni. Telefonon és SMS-ben rendszeresen megkerestem egyes tagokat, de az egész test nem fért a fejembe. Olyannak éreztem a gyülekezetet, mint a vihar után a parkolóban maradt esővizet – sekélyen kiterjedtnek, itt-ott pocsolyákkal.

Az elöljárók leginkább a szellemileg erőtlen tagok miatt aggódtak, akik küszködtek hitükben, vagy sajátos kísértésekkel néztek szembe. Aggódtunk azok miatt, akik már szellemileg elsodródni látszottak, s fél lábbal már kiléptek az ajtón.

Ám az összejövetelek hiánya mindenkit érintett – a szellemileg éretteket és éretleneket egyaránt. Mindegyikünknek rendszeresen látnia és hallania kell hívő társait. Másként csak a munkatársaink, iskolai barátaink vagy a tévében látott szereplők viselkedésmintái lesznek előttünk.

Miután kezdetét vette a világjárvány, világszerte sok gyülekezet élőben közvetítette az alkalmait, és sok hang magasztalta a „virtuális gyülekezet" maradandó értékét. Lelkipásztorok, akik korábban leszólták a dolgot, ekkor „virtuális iskolákat" nyitottak, és főállású lelkipásztorokat állítottak bennük szolgálatba, azt ígérve, hogy az iskolák korlátlan ideig megmaradnak. Egyesek kijelentették, hogy ez izgalmas fejlemény a nagy misszióparancs teljesítésének történetében.

Ám fölmerül bennünk a kérdés: mi hiányzik, amikor a „gyülekezeti" élményünk csupán egy hetenkénti élő adásból áll? Először is, kevesebbet gondolunk a tagtársainkra. Nem jutnak eszünkbe. Nem futunk össze velük rövid beszélgetésekbe elegyedve, melyek közös étkezés melletti hosszabb beszélgetésekhez vezetnek. Ráadásul letérünk a bátorítás, számonkérhetőség és szeretet útjáról.

Hála Istennek, hogy virtuálisan „letölthetünk" bibliai igazságokat. De adjunk hálát Istennek azért, hogy a keresztyén élet nem csupán információközlést jelent. Amikor a gyülekezet csak online működik, nem érezhetjük, tapasztalhatjuk és láthatjuk, amint ezek az igazságok testet öltenek Isten családjában, megerősítve hitünket, és a szeretet kötelékeit teremtve meg a testvérek között. A virtuális gyülekezet önellentmondás.

Gondoljunk bele! Talán egész héten küszködünk az egyik testvérünk iránti rejtett gyűlölettel. De amikor az Úr asztalánál találkozunk vele, bűntudatra ébredünk, és megvalljuk a bűnt. Nehezünkre esik leküzdeni egy testvérrel kapcsolatos gyanakvásunkat. De aztán halljuk, hogy ugyanazokat a dicséreteket énekli, s fölmelegedik a szívünk. Aggasztanak bennünket az országunk politikai eseményei. Ám az igehirdető Krisztus közelgő győzelmét és igazságának érvényesülését hirdeti, körülöttünk többen áment kiáltanak, s eszünkbe jut, hogy mennyei polgárok közé tartozunk, akiket a remény egyesít. Elfog minket a kísértés, hogy küszködésünket a sötétben tartsuk. De ekkor az idősebb házaspár ebéd közben gyengéden, de határozottan megkérdezi: Hogy vagy *valójában?* S ez a világosságra von minket. Mindez virtuálisan nem élhető át. Isten fizikai és kapcsolati lényekké teremtett bennünket. A keresztyén élet és a gyülekezeti együttlét végső soron nem tölthető le. Látni, hallani, átélni és követni kell. Pál ezért arra intette Timóteust, hogy ügyeljen életére és a tanításra, mivel mindkettő döntő szerepet játszik önmaga és hallgatói megmentésében (1Tim 4,16).

Nem meglepő, hogy egyre népszerűbb a virtuális vagy internetes gyülekezet. Kényelmes megoldás, és – őszintén szólva – lehetővé teszi a zűrös kapcsolatok kerülését. Értjük a dolgot; ez erős kísértés. Amikor még egyedülálló voltam, másik városba költöztem. Nem volt gyülekezetem, és senkit sem ismertem. Néhány nappal a megérkezésem után átfutott az agyamon a gondolat: *Elmehetek szórakozni, és azt tehetek, amit csak akarok. Itt senki nem fog látni, hallani, megkérdezni. Ez nem rossz.* Hála az Úrnak, azonnal megfeddett a Szellem: „Tudod, honnan származik ez a gondolat. Nem, ezt az indíttatást nem szabad követni." Micsoda kegyelem! Aznap a Szellem jótékonyan féken tartotta a szívemet. Ám ne tévesszük szem elől a tanulságot: Ő általában a gyülekezetben levő testvéreinket akarja felhasználni arra, hogy segítsék a küzdelmünk az ostobaság és a kísértés ellen.

Igen, a gyülekezeti összejövetel kényelmetlen lehet, de a szeretet is. A kapcsolatok zűrösek, de a szeretet is az. A sebezhetőséget eredményező beszélgetések ijesztőek, akárcsak a szeretet.

Attól tartunk, hogy a virtuális gyülekezet terjedése a keresztyénség individualizálódásával jár. Vitatkozhatunk azon, hogy bölcs dolog-e ilyen eszközhöz folyamodni korlátozott ideig olyan vészhelyzetben, mint egy világjárvány. A második világháború idején az Egyesült Államok tengerparti városaiban a kormány által elrendelt elsötétítések miatt vasárnap esténként nem lehetett összejönni. Rendben. De aki tartós lehetőségként ajánlja föl vagy támogatja a virtuális gyülekezetet – még ha jó szándékkal teszi is –, az a keresztyén tanítványság ellen vét. Arra tanítja a keresztyéneket, hogy a hitükről másoktól függetlenül gondolkodjanak. Arra tanítja őket, hogy valamilyen elvont értelemben követhetik Jézust „Isten családjának" tagjaként, miközben nem tanítja meg őket arra, hogy mit jelent egy családhoz tartozni és áldozatokat hozni annak érdekében.

Ennek fényében a lelkipásztoroknak tőlük telhetően le kell beszélniük az embereket a virtuális „jelenlétről". Nemrég azt mondtam az elöljárótársaimnak: „Testvérek, meg kell találnunk a módját, hogy gyengéden emlékeztessük a tagjainkat arra, hogy az élő közvetítés nem tesz jót nekik. Nem tesz jót a tanítványságuknak, és nem használ a hitüknek. Szeretnénk, ha ez világos lenne előttük, nehogy önelégültté váljanak, és ne igyekezzenek összegyűlni velünk, amikor megtehetik." Az egybegyűlés bibliai parancsa nem megterhelni hívatott minket (lásd Zsid 10,25; 1Jn 5,3), hanem jót tesz a hitünknek, a szeretetünknek és az örömünknek.

A menny követsége

E fejezet elején a gyülekezeti összejövetelt egy tüntetéshez hasonlítottuk. Ám van egy jobb metafora, amely felkészít minket a következő fejezetekre. Az egybegyűlt gyülekezetek *a menny követségei.*

A követség valamely ország hivatalosan jóváhagyott kirendeltsége egy másik ország határain belül. Az adott külföldi ország nevében jár el, annak kormányát képviseli. Ha például fölkeressük Washingtont, végigsétálhatunk a követségi negyeden, ahol egymás mellett sorakoznak a világ országainak nagykövetségei. Láthatjuk a japán zászlót és nagykövetséget, majd az angolt, olaszt és finnt. Mindegyik nagykövetség a világ egyik országát és annak kormányát képviseli. Ha belépnénk e nagykövetségek egyikébe, hallanánk a megfelelő ország nyelvét. Az alkalmazottak körében tapasztalnánk az adott kultúrát. Ha részt vennénk egy követségi vacsorán, megkóstolhatnánk a csemegéiket. S ha beosonnánk a hátsó irodákba, akkor – feltehetően – tudomást szereznénk a diplomáciai ügyeikről.

Mi az egybegyűlt gyülekezet? A menny követsége. Ha belépünk a gyülekezetünkbe, mit találunk ott? Egy teljesen más népet – Krisztus országának jövevényeit, számkivetettjeit, polgárait. Az ilyen gyülekezetekben halljuk, amint a menny Királyának igéit hirdetik. Halljuk, amint a hit, remény és szeretet mennyei nyelvét beszélik. Az úrvacsora révén ízelítőt kapunk a végidők mennyei lakomájából. Diplomáciai ügyeket bíznak ránk, mert arra hívnak minket, hogy vigyük el az evangéliumot a népünkhöz és minden néphez. Ráadásul meg kell itt tapasztalnunk a mennyei kultúra kezdetét. E követség mennyei polgárai szellemi szegények és szelídek. Krisztust követve éheznek és szomjúhoznak az igazságra. Tiszta szívűek. Béketeremtők, akik a másik arcukat is odafordítják, a második mérföldet is megteszik, és odaadják ingüket és kabátjukat annak, aki kéri. Kívánsággal asszonyra nem tekintenek, még kevésbé követnek el házasságtörést; nem is gyűlölködnek, pláne nem gyilkolnak.

Jézus nem az Egyesült Nemzetek Szervezetét, a Legfelsőbb Bíróságot vagy valamelyik egyetem filozófia tanszékét kérte meg, hogy képviselje Őt és hirdesse ítéleteit. Ő az alázatosakat, a lenézetteket, a semmiket kérte erre. A gyülekezeteinket kérte erre.

Sajnos, a gyülekezeteink nem mindig hirdetik és testesítik meg jól a mennyet. Csalódást okozunk a tagoknak, és érzéketlenül beszélünk. Vétkezünk is a tagok ellen. A gyülekezeteink csupán az eljövendő mennyei gyülekezet előjelei és hírnökei, ahogy az úrvacsorán magunkhoz vett kis kenyérdarabok is csak a mennyei lakoma előjelei – nem azonosak magával a valósággal. Mégis arra törekszünk, hogy a menny középpontjára irányítsuk a tagok figyelmét – aki maga Krisztus. Ő sosem vétkezik, és nem okoz csalódást. A jó hír az, hogy a magunkfajta bűnösök csatlakozhatnak ehhez a törekvéshez, ha megvallják vétkeiket, és követik Őt.

Ajánlott olvasmányok

Kim, Jay Y. *Analog Church: Why We Need Real People, Places, and Things in the Digital Age* (Analóg gyülekezet – Miért van szükségünk valódi emberekre, helyekre és dolgokra a digitális korban). Downers Grove, IL: InterVarsity Press, 2020.

Leeman, Jonathan. *One Assembly: Rethinking the Multisite and Multiservice Model* (Egyetlen gyülekezet – A több helyen összejövő és több istentiszteletet tartó gyülekezeti modell újragondolása). Wheaton, IL: Crossway, 2020.

A gyülekezet olyan keresztyének
csoportja,
↓

akik Krisztus mennyei országának földi
követségeként jönnek össze,
↓

**hogy hirdessék Krisztus, a Király jó hírét
és parancsait,**
↓

az Ő alattvalóiként a rendelések által
erősítsék egymást,
↓

s maga Isten szentségét és szeretetét
tükrözzék,
↓

egységet alkotó, ugyanakkor sokszínű
népként
↓

az egész világon,
↓

az elöljárók tanítását és példáját
követve.

4.
Miért központi jelentőségű az igehirdetés és a tanítás?

Collin Hansen

Mi jogosít fel egy igehirdetőt arra, hogy legalább hetente egyszer mondjuk félórára felálljon azzal az igénnyel, hogy Isten nevében szóljon? Ilyen tekintéllyel még a miniszterelnök sem kérkedik. Senki nem tart e kiváltságra érdemesnek egy matektanárt vagy egy irodalomprofesszort. Egyébként is, ettől eltekintve hány egyirányú monológot hallgatunk rendszeresen manapság? Ez egykor, az ókori világban népszerű eszköze volt a vándorló szórakoztatóművészeknek, de ma már aligha vonzanának tömegeket bármely városközpontban, és még kevésbé vezetne jövedelmező szónoki hivatáshoz.

Az igehirdetők tekintélye nem a különb tudásukból, politikai hatalmukból vagy ékesszólásukból fakad, hanem egyedül Isten Igéjéből. „Hirdesd az igét – mondta Pál a fiatal tanítványának, Timóteusnak, az efezusi lelkipásztornak –, állj elő vele, akár alkalmas, akár alkalmatlan az idő, feddj, ints, biztass teljes türelemmel és tanítással." (2Tim 4,2)

Az igehirdetőknek nincs tekintélyük, ha a legfrissebb Netflix-sorozatról beszélnek. Nincs tekintélyük, ha azt kérjük tőlük, hogy ajánljanak egy éttermet. Nincs tekintélyük, ha a Facebookon látott összeesküvés-elméletről mondják el a gondolataikat. Lehetnek jó, érdekes vagy tanulságos meglátásaik. Adhatnak jó tanácsokat, ha például álláskeresés során szorulunk segítségre. De csak Isten Igéjének hirdetésekor kapnak különleges tekintélyt arra, hogy az Ő nevében szóljanak.

Jézusnál nincs jobb igehirdető, és senki nem mondhat jobb prédikációt az Ő hegyi beszédénél. Annak igazsága és ereje ma is életeket változtat meg és megindít minket. De az eredeti hallgatóknak is feltűnt, hogy más ez, mint amit a tanítóktól hallani szoktak. Máté elmondja: „Amikor Jézus befejezte ezeket a beszédeket, a sokaság álmélkodott tanításán, mert úgy tanította őket, mint akinek hatalma van, és nem úgy, mint az írástudóik" (Mt 7,28-29). Az írástudók voltak Izráel hivatalos tanítói. Miért nem tisztelték hát a tekintélyüket a tömegek? Mert a saját gondolataikat tanították. Saját törvényeikkel egészítették ki Isten törvényét. Jézus, mint maga Isten, tekintéllyel tanított, hiszen Ő írta a törvényt, és tökéletesen meg is tartotta azt.

A gyülekezet újrafölfedezésekor isteni tekintélyt keresünk, nem csupán emberi bölcsességet. Manapság van elég emberi bölcsesség, sőt sok is. Még sosem lehetett hozzáférni ennyihez. Önsegítő könyvek uralják a sikerkönyvlistákat. Podcastok ígérnek javulást a személyiségfejlődésünkben. Az internetnek sosem jutunk a végére. Az emberi bölcsességet kínáló gyülekezet tehát erős konkurenciával szembesül. Miért hallgatnánk egy helyi igehirdetőt ahelyett, hogy feliratkoznánk egy YouTube-csatornára? Miért kelnénk föl vasárnap reggel ahelyett, hogy nagy hatalmú politikusokról szóló hírműsorokat néznénk?

Azért kelünk fel és jövünk össze a gyülekezettel hetente, mert ott hallhatjuk az isteni Királyt – az Ő jó hírét és életünkre vonatkozó akaratát. Halljuk persze Őt, valahányszor kinyitjuk a Bibliánkat, de csak a hetenkénti összejövetelen hallhatjuk Őt együtt. Ott formálódunk *közösen* mint nép. Ezért központi jelentőségű az igehirdetés és a tanítás a gyülekezeti összejöveteleink szempontjából. Amikor Isten Igéjét állítjuk az alkalmaink középpontjába, akkor a mennyei kultúrát ápoljuk, melynek mindnyájunkat jellemeznie kellene mint megkülönböztetett népet, hogy azután só és világosság lehessünk a városainkban és országainkban.

A Szellem segítségével felismerjük az isteni bölcsességet, amikor halljuk azt. S ez más, mint a közösségi médiában és az önsegítő könyvek szerzőiként ma oly gyakori önjelölt írástudók emberi bölcsessége. Az igehirdető tekintélye kiterjed mindarra, amit Isten mondott, de nem terjed túl azon.

Az igehirdetők vétkezhetnek azzal, ha túl sokat vagy túl keveset mondanak. Vagyis az Ige nemcsak alapja a prédikációnak, hanem korlátja is.

Mark Dever gyakran hasonlítja az igehirdető munkáját a postás feladatához. A postás nem úgy jön az ajtónkhoz, hogy közben felbontja a levelet, beleír néhány további megjegyzést, visszaragasztja a borítékot, majd bedobja a postaládánkba. A postás egyszerűen kézbesíti a levelet.

Akárcsak az igehirdető. Az Ige segít megítélnünk az illető tényleges tekintélyét. A tekintélye a levél kézbesítésére terjed ki. Semmi egyébre.

Az önsegítő guruk híjával vannak a tekintélynek, mert saját érdekük azt mondani nekünk, amit hallani szeretnénk – másként nem vesszük meg a termékeiket, és nem veszünk részt a programjaikon. Ezek az írástudók túllépnek Isten Igéjén, és olyan tekintélyre formálnak igényt, amellyel nem rendelkeznek. Meg akarják kötni a lelkiismeretünket olyan dolgokban, amelyek egyedül a Szentírás alapján nem állapíthatók meg. Megpróbálhatják megmondani nekünk, kivel randizzunk, kire szavazzunk, melyik iskolába írassuk be a gyermekeinket, vagy milyen ruházat jelzi az istenfélelmet. Mindezekben a dolgokban csakugyan közölhetnek bölcsességet, de a jó tanácsot nem szabad azonosítanunk az isteni tekintéllyel. A prédikáció nem az emberi gondolatok helye, hanem az isteni hatalomé.

Így szól az Úr

A próféták az Ószövetségben lépten-nyomon visszhangozzák a refrént: „így szól az Úr". Ők azért szóltak tekintéllyel, mert Isten bízta rájuk az üzenetét. Az Ő nevében szóltak. Ezért a próféták nem mindig azt mondták, amit az emberek hallani akartak. Sőt, a királyok gyakran megbüntették a prófétákat, amikor nem tetszett nekik, amit hallottak.

Cidkijjá király például megengedte, hogy Jeremiás prófétát bedobják egy ciszternába, és hagyják éhen halni (Jer 38,9). Miért tette ezt a király? Jeremiás megmondta a Jeruzsálemben levő zsidóknak, hogy ha a városban maradnak, megölik őket a káldeusok. Természetesen igaza volt. De a király és hadvezérei nem ezt akarták hallani. Ez az üzenet ártott a harci szellemnek (2–4. v.). A hírnököt hibáztatták, hogy ne kelljen megfogadniuk az üzenetet. Azokat a prófétákat részesítették előnyben, akik megnyugtató hazugságokat hirdettek. Isten viszont nem találta mulatságosnak a hazudozást: „Örömmel etetem meg őket, és méreggel itatom meg őket, mert Jeruzsálem prófétái terjesztik az elvetemültséget az egész országban" (23,15). Isten a prófétája, Ezékiel által megintette Izráel vezetőit, vagyis „pásztorait", akik hazudtak a népnek, melyet védelmezniük kellett volna: „Jaj Izráel pásztorainak, akik magukat legeltették! Hát nem a nyájat kell legeltetniük a pásztoroknak? A tejet megittátok, a gyapjúval ruházkodtatok, a kövéret levágtátok, de a nyájat nem legeltettétek!" (Ez 34,2-3)

Izráel tapasztalatai arra figyelmeztetnek minket, hogy a gyülekezet újrafölfedezésekor hajlamosak vagyunk olyan vezetőket keresni, akik csak azt mondják nekünk, amit hallani szeretnénk. S a vezetők hajlamosak azt adni az embereknek, amit szeretnének, mert úgy könnyebb megélni. Megeshet, hogy az igehirdetők látszólag bátran megmondják az igazat, miközben csak a gyülekezetükön kívüli emberekről beszélnek durván. Lehet, hogy bátornak tűnnek, de sosem vonják kérdőre azokat, akik megfizetik őket.

A legtöbb igehirdető számára talán éppen ez a legnagyobb kihívás. Hogyan hirdethetik csak és kizárólag a Bibliát anélkül, hogy többeknek rá ne lépnének a tyúkszemére? Hogyan mondhatnak kemény és igaz dolgokat azoknak az embereknek, akiktől a megélhetésük függ, s akik eltávolíthatják maguk közül őket és a családjukat?

Tanítsuk magunkat az Igére

Az igehirdetők e kísértése fényében fontos, hogy az Ige hallgatóiként késszé váljunk meghallani és megfogadni az Igét akkor is, ha eleinte nem mindig tetszik nekünk vagy értünk vele egyet. A gyülekezet újrafölfedezése során olyan igehirdetőket keressünk, akik nem arra törekednek, hogy tőlük függjünk a rejtett bibliai meglátások tekintetében, hanem azt mutatják meg nekünk, hogyan tanítsuk magunkat az Igére.

A legjobb igehirdetők nem arra késztetnek minket, hogy a saját ügyességüket bámuljuk, hanem Isten dicsőségét mutatják be nekünk, amely Igéjében látható. S amikor így látjuk meg Istent, minél többre vágyunk Belőle.

Buzgóbban vágyunk az önálló igeolvasásra, és annak alkalmazására. Majd egy pozitív visszacsatolási körbe kerülünk. Minél inkább segítenek az igehirdetők megismernünk és megszeretnünk az Igét, annál jobban fejlődik az ízlésünk, és annál jobban felismerjük a tápláló igehirdetés ízét.

Minden egészséges gyülekezet kulcsa ez az igehirdetők és gyülekezeti tagok közti kapcsolat, mert soha nem csak egyetlen tanító van a gyülekezetben. Mindnyájan arra hívattunk, hogy valamilyen minőségben tanítsuk az Igét. Például nemcsak az igehirdetőnek, hanem minden elöljárónak a vezető tisztségénél fogva „tanításra alkalmasnak" kell lennie (1Tim 3,2). A szülők a gyermekeiket tanítják az Ige ismeretére (5Móz 6,7). Az idősebb asszonyok a fiatalabb asszonyokat tanítják (Tit 2,3-5).

Gondoljunk az Ige gyülekezetben végzett munkájának legalább négy szakaszára: (1) az igehirdető elhozza az Igét az egész gyülekezetnek; (2) a gyülekezet tagjai válaszul szájukba és szívükbe fogadják Isten Igéjét az éneklés és közös imádságok révén; (3) a gyülekezet összes tagja tanítja magának az Igét; és (4) a gyülekezet különböző tagjai egymást és a következő nemzedéket tanítják az Igére. Vagyis a gyülekezet minden tagja valamilyen minőségben az Ige tanulására és tanítására is hívatott.

A gyülekezetek az Ige ilyen szemléletével megvédhetik magukat az egyik leggyakoribb mai problémától, melyet a bibliai írók maguk is előre láttak és elszenvedtek. Pál meghagyta Timóteusnak, hogy figyelmeztesse az efezusiakat: „ne... foglalkozzanak mondákkal és vég nélküli nemzetségtáblázatokkal, amelyek inkább vitákra vezetnek, mint Isten üdvözítő tervének megismerésére hit által" (1Tim 1,4). Hasonló figyelmeztetést fogalmazott meg Pál a Timóteushoz írt második levelében: „Mert lesz idő, amikor az egészséges tanítást nem viselik el, hanem saját kívánságaik szerint gyűjtenek maguknak tanítókat, mert viszket a fülük. Az igazságtól elfordítják a fülüket, de a mondákhoz odafordulnak" (2Tim 4,3-4). Látjuk tehát, hogy az Igére koncentráló gyülekezetet kevésbé fogják érdekelni „saját kívánságai" – az ismeretnek látszó, de valójában ostobaságot eláruló spekuláció. Pál talán azt is gondolhatta volna, hogy maga a Sátán hozta létre az internetet mint a gyülekezeteket vég nélküli spekulációval megosztó és megzavaró eszközt.

Gondoljuk meg, milyen kihívással kell szembenéznie az igehirdetőnek a világ egyes helyein a korlátozások idején. A héten akár 45–60 percre is igényelheti a figyelmünket. Feltéve, hogy a figyelmünk nem oszlik meg a gyerekek, az álmosság és az üzenetek között, melyek a képernyőn ugranak elő, miközben otthon az igehirdetést próbáljuk nézni. Viszont a közösségi média, videók és podcastok gyakorlatilag minden percet igénybe vesznek, ami a munka, a vezetés és az alvás mellett megmarad. Nem csoda, ha úgy érezzük, hogy a gyülekezeteink nem képesek közös nevezőre jutni! Nem ugyanazokat az dolgokat helyezzük előtérbe a Szentírásból. Azok a gyülekezetek fognak a legjobban megerősödni a Covid-19 után, amelyek különbséget tettek Isten hatalommal hirdetett Szava és a számtalan egyéb szó között, melyek csökkenő figyelmünkért versengtek.

Milyen a jó prédikáció?

A gyülekezet újrafölfedezése során az igehirdetések sokféle típusával és hosszával találkozhatunk. A Bibliában nem találunk egyértelmű formulát. A Biblia egészét Isten ihlette, mégis érzékeljük a különböző szerzők egyéniségét. Az igehirdetés során talán a tüzes érzelmeket vagy a sok héber és görög utalást részesítjük előnyben. Isten ugyanazon prédikációban bármelyik vagy mindkét megközelítést felhasználhatja arra, hogy szeretetre és engedelmességre indítson minket.

Arról is hallhatunk vitázni igehirdetőket, hogy a prédikációk téma szerintiek vagy igemagyarázóak legyenek-e. Egyes helyzetek indokolhatják a téma szerinti igehirdetést közelgő választás, világjárvány vagy faji igazságtalanság idején, hogy csak három friss példát idézzünk az érdeklődésre számot tartó témák közül. Ám a túl sok tematikus prédikáció rombolja az igehirdetők tekintélyét, azzal kísértve őket, hogy kiforgassák a Biblia tanítását a saját mondanivalójuk érdekében. Meggyőződésünk szerint jobb, ha a gyülekezet állandó táplálékát magyarázó prédikációk alkotják, melyek *feltárják* a szöveget, az igeszakasz fő mondanivalóját állítva az üzenetük középpontjába. Amint sok igehirdető elmondta, Pál nem csupán prédikálásra utasítja az igehirdetőket, hanem arra, hogy az *Igét* hirdessék.

Ezenfelül a hétről hétre a Biblia versein és fejezetein sorjában végigmenő igehirdetés lehetővé teszi, hogy a prédikátor helyett Isten határozza meg a programot. Ne feledjük, hogy az igehirdető a levelet kézbesítő postás. „Ezen a héten arról fogunk tanulni, amit Isten a Róma 1-ben tartogat számunkra, jövő héten a Róma 2-t vizsgáljuk meg, a következő héten pedig a Róma 3-at." Amikor ily módon hallhatjuk a Bibliát, rájövünk, hogy Isten programja nem igazodik teljesen a sajátunkhoz. A Római levélben például lehetnek olyan dolgok, amelyekről az igehirdető nem szívesen prédikál. De ott a boríték, az Istentől jött levél, mely várja, hogy felbontsuk.

Végül is kinek a programjára vágyunk valójában – a sajátunkra vagy Istenére? Az Ő útjai magasabbak és jobbak (Ézs 55,9). Az Ő útmutatását kellene követnünk, nem a világét. Különleges dolog történik, ha úgy halljuk szólni Isten Igéje által a Szellemet, hogy az igehirdető minden jel szerint ott folytatja, ahol előző héten abbahagyta.

A gyülekezet újrafölfedezése során alighanem a felvételről hallgatott és a közvetlenül, személyesen hallott prédikációkról folyó vitával is találkozni fogunk. Évekkel ezelőtt beszélgettem egy különösen tehetséges igehirdetővel. Más életet élve sikeres színpadi humorista lett volna. Csakugyan tanulmányozta a humoristákat, hogy megtanuljon igehirdetés közben kapcsolatot teremteni a hallgatókkal. Mélyen ismerte a bibliai és teológiai fogalmakat is, és ötletesen tudta kifejteni őket a szkeptikus tömegeknek. A gyülekezete több helyszínre kiterjedt a vidéken, sőt az országban, mivel a prédikációit felvételről közvetítették ahelyett, hogy helyi, személyesen jelen levő igehirdetőket szólaltattak volna meg. Sosem felejtem el az érvelését. Azt mondta, hogy nincs értelme „B" minőségű igehirdetőt adni az embereknek, ha kaphatnak egy magafajta, „A" minőségű prédikátort. Ha az volt a célja, hogy sok személyes követőre találjon, akkor nem vitatkozhattam vele.

Ám utólag elgondolkodva rájöttem, hogy az érvelése túl sokat bizonyít. Az általa vázolt esetben ő nemcsak a fiatalabb lelkipásztorokkal és teológushallgatókkal versenyzett, hanem minden más élő vagy elhunyt igehirdetővel. Miért nem játsszuk le egy „A+" minőségű igehirdető – például Billy Graham – fölvett prédikációit? Mi lenne, ha a gyülekezetek szerződtetnének egy színészt, aki előadná Charles Spurgeon legjobb igehirdetéseit? Talán készíthetnénk egy egyenes kieséses rendszert – amilyeneket a sportban is használnak –, és megkérhetnénk a keresztyéneket, hogy több fordulóban szavazzanak a kedvenc igehirdetőjükre, míg meg nem állapodhatnánk egy szónokban, aki mindenkit lepipál. Így többé senkinek sem kellene „B" minőségű (vagy rosszabb) igehirdetőt hallgatnia. Csak a legjobbat kapnánk – ha Isten ezt tartja számunkra a legjobbnak.

De nem így van. Számunkra az a legjobb igehirdető, aki hű Isten Igéjéhez. Még jobb, ha kész együtt kávézni velünk vagy meglátogatni minket a kórházban. Megvan az oka, hogy nem csupán a Szentírást olvassuk fel minden istentiszteleten. Az igehirdetés Isten Igéjének tekintélyét a tanító közvetítő személyisége és tapasztalatai révén mai összefüggésre vonatkoztatja, figyelembe véve a sajátos helyi és személyes igényeket. Lehet, hogy az iment említett férfi csakugyan jobb igehirdető a sajátunknál, de az utóbbi jobban ismeri a gyülekezetünket. És ez sokat számít a Biblia ránk és a gyülekezetünkre való alkalmazásakor.

A lelkipásztorok persze nem tudhatnak minden általuk ismert ember életének összes intim részletéről. De nem véletlenül küszködött oly sok lelkipásztor, amikor a Covid-19 miatti korlátozások alatt egy kamerának kellett prédikálnia. Ők azért szoktak imádkozni, hogy érzékeljék a Szellem mozgását az igehirdetésükre valós időben adott válaszaink révén. Amikor szemtől szemben látnak minket, a Szellem eszükbe juttat dolgokat, melyek vigaszt nyújtanak a bajainkra. Sok érv szól amellett, hogy a gyülekezet ne sötétítse el a termet az istentiszteletek idején, mintha egy koncertet vagy mozit utánoznának. Egy érv a sok közül: a lelkipásztorok így prédikáció közben érzékenyen reagálhatnak a Szellem ösztönzésére.

Idő és hely

Az igehirdetés végső soron nem csupán az információ átadásáról szól. Ha ez volna az egyetlen cél, akkor nem ez jelentené a leghatékonyabb eszközt. Áttérhetnénk a videóra, podcastokra vagy egyszerűen a könyvekre, és teljesen mellőzhetnénk az istentiszteletet. Ám a prédikáció hallgatása nemcsak rólunk és a Jézussal való személyes járásunkról szól, hanem arról is, hogy mennyei kultúrát formálunk és mennyei várost építünk a saját gyülekezetünkben. A közös életformálásról szól.

A közvetlen, személyes tanítás esetében két dolog történik, mely nem helyettesíthető olyan lelkipásztor prédikációjának rögzítésével, akit sosem fogunk személyesen megismerni. Először is, a gyülekezet és a prédikátor együtt éli át az igehirdetést mint térben és időben bekövetkező közösségi eseményt. Az is értékes persze, ha egyéni áhítat során alkalmazunk egy prédikációt. De még értékesebb, ha együtt alkalmazzuk azt magunkra mint népre. Együtt életre kelthetjük a prédikációt azzal, ahogy egymással bánunk a héten. Azt se felejtsük el, hogy az igehirdető végső soron nem áll „fölöttünk". Ő egy közülünk, és velünk együtt részt vesz abban, ahogy Isten Igéje új várossá formál minket. A prédikáció Isten Igéje alapján elénk tár egy látást egy adott nép számára egy adott helyen, akik együtt kötöttek szövetséget, hogy engedelmeskednek Istennek, és szeretik egymást.

Másodszor, az igehirdető példája és személyisége az egész gyülekezet számára megadja az alaphangot. Az igehirdetők érthető módon megijednek, amikor rájönnek, hogy a gyülekezeteik nemcsak az erősségeiket veszik át, hanem a gyenge pontjaikat is. Amikor a teológián prédikálni tanultam, a professzorom kijózanító tényeket közölt velem. Azt mondta, hogy a gyülekezetem az évek során valószínűleg nem fogja megjegyezni a tényleges szavaimat. Viszont Isten idővel mind a szavaimmal, mind az istenfélelmem és hitelességem példájával formálni fog egy gyülekezetet. Az igehirdető jelleme és üzenete összeolvad, így a szavak a Szellem ereje által megváltoztatják a hallgatókat, ha nem is mindig emlékeznek rájuk. S ez nemcsak az igehirdetés, hanem a tanítás esetében is így szokott lenni. A legjobb tanítóinkra és tanárainkra általában nem csupán a tudásuk miatt emlékszünk. A bölcsességük mellett a tehetséges kommunikációjuk és az irántunk való személyes szeretetük is megmarad bennünk.

A gyülekezet újrafölfedezése során tehát keressük azokat az igehirdetőket, akik eléggé szeretnek minket ahhoz, hogy jó sebész módján egyszerre tudjanak minket fölvágni és összevarrni. Azokat keressük, akik tudják, hogy a királyok Királyától nyerik tekintélyüket, akinek jó hírét és akaratát hirdetik. Ők nem csak a fizetésünk egy részére vágynak. Az a céljuk, hogy példát mutassanak nekünk, és ne csupán lenyűgözzenek minket a műveltségükkel és az egyéniségükkel.

Ajánlott olvasmányok

Leeman, Jonathan. *Word-Centered Church: How Scripture Brings Life and Growth to God's People* (Igeközpontú gyülekezet – Hogyan hoz Isten népének életet és növekedést a Szentírás). Chicago: Moody, 2017.

Wilkin, Jen. *Women of the Word: How to Study the Bible with Both Our Hearts and Our Minds* (Az Ige asszonyai – Hogyan tanulmányozzuk a Bibliát szívünkkel és értelmünkkel). Wheaton, IL: Crossway, 2014.

A gyülekezet olyan keresztyének
csoportja,
↓
akik Krisztus mennyei országának földi
követségeként jönnek össze,
↓
hogy hirdessék Krisztus, a Király jó hírét
és parancsait,
↓
**az Ő alattvalóiként a rendelések által
erősítsék egymást,**
↓
s maga Isten szentségét és szeretetét
tükrözzék,
↓
egységet alkotó, ugyanakkor sokszínű
népként
↓
az egész világon,
↓
az elöljárók tanítását és példáját
követve.

5.
Csakugyan be kell lépni?

Jonathan Leeman

FŐISKOLÁS KOROMBAN FÉL ÉVET Brüsszelben töltöttem. Közben lejárt az amerikai útlevelem. Ezért elmentem az Egyesült Államok nagykövetségére, amely Brüsszel Quartier Royal nevű részén található. A nagykövetségre érve amerikai földre léptem.

A nagykövetség az Egyesült Államok kormányának tekintélyével bír. Kijelentheti a belga kormánynak és népnek: „Ez az Egyesült Államok igénye és szándéka." Elmondhatja a magamfajta emberekről: „Ő közülünk való."

A lejárt útlevelemet átadtam a megfelelő tisztviselőnek. Ő föltett nekem néhány kérdést. Beírt valamit a számítógépébe. Pillanatok alatt megkaptam az új útlevelemet, mely tanúsította, hogy amerikai állampolgár vagyok. A nagykövetség nem *tett* állampolgárrá. Születésem óta az voltam. De hivatalosan elismerte és megerősítette az állampolgárságomat. A nagykövetség oly módon képviseli az Egyesült Államokat, ahogy én nem tehetem, bár amerikai állampolgár vagyok.

Valóban van hatalmuk a gyülekezeteknek?

Ugyanígy a gyülekezetek sem *teszik* keresztyénné az embereket. Amint a 2. fejezetben tárgyaltuk, az újjászületés által válunk keresztyénné. De a gyülekezetek a menny követségei, melyeket Krisztus bízott meg azzal a feladattal, hogy megerősítsék mennyei állampolgárságunkat. A baptisták, a reformátusok és az evangélikusok eltérően vélekedhetnek arról, hogy pontosan ki mondja ki a döntést – az egész gyülekezet, vagy pedig az azt képviselő elöljárók vagy püspök. Ám mindnyájan egyetértenek abban, hogy Jézus a gyülekezeteknek adta ezt a hatalmat. A gyülekezetek nem útleveleket adnak ki, hanem keresztelnek és úrvacsorát osztanak.

A mai keresztyének ritkán gondolnak arra, hogy a gyülekezetek Istentől kapott hatalommal bírnak. A szülők? Igen. A kormányok? Igen. De a gyülekezetek?

Éppen ezt tudjuk meg abból, hogy Jézus a Máté 16-ban és 18-ban a gyülekezeteknek adja Isten országának kulcsait. Először is, Jézus a Máté 16,13-20-ban azt tanítja, hogy a kulcsokat az *evangélium helyes megvallásának* megerősítésére használják. Péter megvallja, kicsoda Krisztus. Jézus megerősíti Péter válaszát, megígéri, hogy felépíti a gyülekezetét, majd ennek érdekében Péternek és az apostoloknak adja „a mennyek országának kulcsait" (19. v.). Mire szolgálnak ezek a kulcsok? A földön megkötik és feloldják azt, ami a mennyben kötve és oldva lesz. Ma már nem szoktunk így beszélni, ezért talán nem értjük e szavak jelentését. De gondoljunk úgy a kulcsokra, mint egy követség azon hatalmára, hogy hivatalosan kihirdesse hazai kormányának törvényeit vagy rendelkezéseit.

Másodszor, a Máté 18,15-20-ban Jézus azt tanítja, hogy a kulcsok megerősítik *a hit hiteles megvallóit.* A mennyek országának kulcsait átadja a helyi gyülekezetnek mint annak alapját, hogy a tagok közül eltávolítsa azokat, akiknek az élete nem egyezik a hitvallásukkal. Gondoljunk erre úgy, mint egy követség azon hatalmára, hogy hivatalosan kimondja, kik az állampolgárai.

Összegzésképpen, a gyülekezetek rendelkeznek a mennyek országának kulcsaival, vagyis azzal a hatalommal, hogy a menny nevében megerősítsék az evangéliummal kapcsolatos *mi* és *ki* kérdéseket: Mi a helyes hitvallás?; Ki a valódi hitvalló?

A kulcsok hatalma = Jézus nevében kihirdetni az evangéliummal kapcsolatos *mi* és *ki* kérdéseket:
Mi a helyes hitvallás?; Ki a valódi hitvalló?

Egy másik hasonlat, amely segíthet megérteni a kulcsok gyülekezetnek adatott hatalmát, a tárgyalótermi bíró munkája. A bíró nem hoz törvényt.

Nem is teszi ártatlanná vagy bűnössé az embert. De a bírónak hatalmában áll az állam nevében értelmezni a törvényt, majd meghozni a hivatalos ítéletet: bűnös vagy ártatlan. Hasonló a helyzet a gyülekezet nyilatkozataival. Azok „hivatalos" nyilatkozatok, a mennyek országát képviselik a földön.

A gyülekezetek néha téves döntést hoznak, akárcsak a követek és a követségek, vagy a bírók és a bíróságok. Jézus mégis ezt a feladatot adja a gyülekezeteknek.

Mik a rendelések? Mennyei útleveleink

Hogyan hozzák a gyülekezetek ezeket a hivatalos ítéleteket?

Először is, az igehirdetés által, melyről az előző fejezetben beszéltünk. Amikor az igehirdető prédikál, „megköti" vagy „feloldja" a gyülekezet lelkiismeretét Isten Igéjének értelmezése alapján.

Másodszor, a gyülekezetek a (Jézus által *elrendelt*) *rendelések* által végzik az oldást és a kötést.

Az első a keresztség/bemerítés, amely a gyülekezeti tagsághoz vezető bejárat. A Krisztus nevében összegyűlők (Mt 18,20) az Ő nevére merítik be az embereket (28,19). A bemerítés révén kihirdetjük: „Jézussal tartok" – a gyülekezet pedig megerősíti: „Ez az ember Jézussal tart." Mindkét félnek van mondanivalója.

Ezt követi az úrvacsora, amely a tagok rendszeres családi étkezése (lásd Mt 26,26-29). A gyülekezeti tagság bizonyos értelemben egyszerűen tagságot jelent az Úr asztalánál, mivel a vacsora révén ismerjük el egymást folyamatosan hívőnek. Hallgassuk meg Pált: „Mert egy a kenyér, egy test vagyunk mindannyian, akik az egy kenyérből részesedünk" (1Kor 10,17). Az egy kenyérből való részesedés azt mutatja, hogy egy Test vagyunk. Megerősíti, hogy hívők vagyunk. A különféle keresztyén felekezetek abban sem értenek egyet, hogy pontosan minek felel meg az úrvacsorai kenyér. Abban viszont mind egyetértenek, hogy az úrvacsora gyülekezeti étkezés, mely által az egész gyülekezet megerősíti egymást mint Krisztus Testének tagjait.

A keresztyének gyakran individualista módon kezelik a rendeléseket. Otthon, egy táborban vagy külföldi utakon gyakoroljuk a bemerítkezést és az úrvacsorát. A Covid miatti otthon maradás különösen erős kísértés volt az embereknek, hogy így gondolkodjanak.

Kétségtelen, hogy az Újszövetség nem korlátozza kizárólag gyülekezeti környezetre a bemerítést, amint az abban is látható, hogy Fülöp bemeríti az etióp udvari főembert (Csel 8,26-40). Egy új területeket meghódító missziói vallásnak meg kell tudnia tenni ezt. Ám a bevett gyakorlat szerint a gyülekezeti összejövetel keretében gyakoroljuk ezt a két rendelést a gyülekezet vigyázó tekintete előtt, mint amikor háromezer ember „merítkezett be" a jeruzsálemi gyülekezetbe (Csel 2,41). Pál is figyelmeztet minket, hogy csak akkor vegyünk részt az úrvacsorában, ha „megkülönböztetjük a Testet", vagyis a gyülekezetet (1Kor 11,29; Csia). Azután elmondja: „várjátok meg egymást", mielőtt magatokhoz vennétek azt (33. v.). Gyülekezeti eseményről van szó.

Egyik alkalommal, amikor a gyülekezettel úrvacsorát vettem, azt mondtam a körülöttem levő testvéreknek: „Amikor magunkhoz vesszük az úrvacsorát, nézzünk egymásra, majd a végén öleljük meg egymást." Az úrvacsora testületi jellegét akartam megragadni. A barátaim sóhajtozva fogadták a kérésemet, de beleegyeztek. Úgyhogy közelebb húzódtunk egymáshoz, vettük az úrvacsorát, egymásra néztünk, majd megöleltük egymást. Őszintén szólva kissé furcsa volt. A férfiak kuncogtak. Nem magát a gyakorlatot ajánlom, hanem ezt a szempontot próbálom szemléltetni: az úrvacsora nem egyéni, hanem családi étkezés.

Mi a gyülekezeti tagság?

Tehát mi is pontosan a gyülekezeti tagság?

A gyülekezeti tagsággal ismerjük el hivatalosan egymásról, hogy hívők vagyunk, elkötelezve magunkat egymás mellett. Azáltal hozzuk létre, hogy a rendelések révén kölcsönösen elfogadjuk egymást. Például így határozhatjuk meg a dolgot: a gyülekezeti tagság a keresztyén hitvallásának és tanítványságának *megerősítése és felügyelete* a gyülekezet részéről, miközben a keresztyén *aláveti magát* a gyülekezetnek és annak felügyeletének. A következő módon képzelhetjük ezt el:

A gyülekezeti tagság:

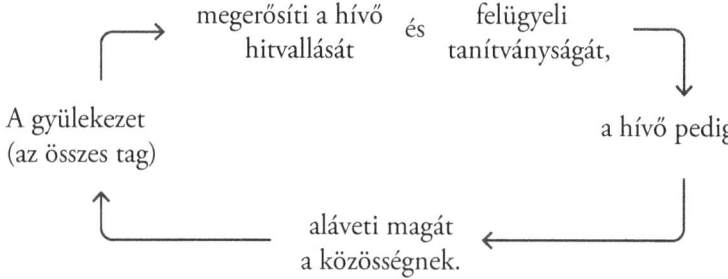

Az *aláveti* szó ijesztő, talán a gyülekezet esetében különösen is az. Ám ki kell mondani. Amikor egy gyülekezet tagjaivá válunk, nemcsak a vezetőknek vagy az „intézménynek" vetjük alá magunkat valamilyen homályos, bürokratikus értelemben, hanem egy családnak és az összes tagjának. Ezzel tulajdonképpen azt mondjuk: „Ez a keresztyéneknek az a konkrét csoportja, amelyet az életembe hívok és arra kérek, hogy kérje számon tőlem Jézus követését. Arra kérem őket, hogy vállaljanak felelősséget keresztyén életemért. Ha elcsüggedek, ezentúl a feladatuk bátorítani engem. Ha letérek a keskeny útról, a feladatuk helyreigazítani engem. Ha szorult anyagi helyzetbe kerülök, a feladatuk gondoskodni rólam."

Ám ez az elkötelezettség kétirányú. Amikor a gyülekezet többi tagját arra kérjük, hogy vigyázzanak ránk, mi is megígérjük, hogy vigyázunk rájuk. Most már a fenti ábra bal oldalán levő „gyülekezethez" tartozunk, amely megerősít és felügyel másokat. Hamarosan visszatérünk erre a kérdésre.

Annak is nyilvánvalónak kell lennie – ha figyelmesek voltunk –, hogy a bemerítés, az úrvacsora és a gyülekezeti tagság összetartozik. Vannak kivételek, de a gyülekezetek rendszerint a tagságba „merítik be" az embereket, és az úrvacsora a gyülekezeti tagok kiváltsága, akár saját gyülekezetben vannak, akár egy másikat látogatnak meg. Hiszen mindhárom dolog együttműködik a közös cél érdekében: megerősítik és megkülönböztetik Isten népét. Együtt hirdetik a föld népeinek: „Itt vannak a mennyek országának polgárai."

Nem elég az egyetemes Gyülekezethez tartozni?

Egyesek szeretnek így beszélni: „Nem szükséges gyülekezethez csatlakoznom. Már most is Krisztus egyetemes Gyülekezetéhez tartozom." (Az egyetemes Gyülekezetnek a teológusok Krisztus egész Testét nevezik, mely világszerte minden idők összes hívő emberéből áll.) Igaz ez? Elfelejthetjük-e a helyi gyülekezetet azért, mert a megtéréskor mindnyájan az egyetemes Gyülekezet tagjaivá válunk?

A rövid válasz az, hogy nem. Igaz, hogy az üdvözüléshez *nem szükséges* gyülekezethez csatlakoznunk. Az egyetemes Gyülekezetben való tagságunk ajándék (Ef 2,11-22), akárcsak a Krisztusban kapott igazságunk és maga a hit. De ha engedelmeskedni akarunk a Szentírásnak, akkor csatlakoznunk kell egy gyülekezethez. Ahogy a hitünknek „fel kell öltenie" a jó cselekedeteket (Kol 3,10.12; Jak 2,14-16), úgy helyileg is föl kell vennünk az egyetemes tagságot. Az egyetemes Gyülekezetben való tagságunk nem maradhat elvont gondolat. Ha valóságos, akkor megnyilvánul a földön – valóságos időben és térben, valóságos emberekkel, pl. Borbálával, Jamarral, Szaiddal és Linggel. A világjárvány miatti korlátozások mit sem változtatnak ezen.

Ha bennünk van a Szellem, akkor el akarjuk kötelezni magunkat Krisztus Teste mellett. Szinte nem is tehetünk mást. Az egyetemes Gyülekezetben való valódi tagság a helyi gyülekezetben való tagságot eredményez, amely pedig tanúsítja az egyetemes tagságunkat, amint az ábra mutatja:

Az egyetemes és a helyi gyülekezeti tagság kapcsolata:

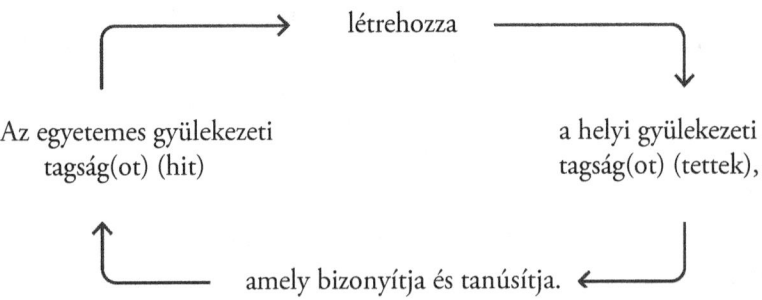

Talán hozzánk hasonlóan az olvasó is ismer olyan embereket, akik megpróbálták gyülekezettől függetlenül megélni a keresztyénségüket, és fokozatosan elsorvadt vagy akár teljesen eltűnt a hitük. Volt egy barátom, akit biztattam, hogy lépjen be a gyülekezetembe, miután hónapokig járt oda. Nem tette, mert nem akart számonkérhető lenni. Közben súlyos bűnben élt. Amint az várható volt, egyre jobban elmaradozott, míg végül egyáltalán nem jött. Egyszer aztán kávézás közben így szólt hozzám: „Jonathan, már nem vagyok keresztyén, legalábbis nem olyan, mint ti."

A gyülekezeti tagság az akol biztonságát nyújtja, ahol Krisztus a pásztor. Táplálékot nyújt, hogy a Testhez kapcsolódunk, mint a kar a törzshöz, ahol Krisztus a fej. A család szeretetét adja, ahol Krisztus az elsőszülött sok örökös között. Az állampolgársággal járó kiváltságokat és kötelességeket kínálja a szent nemzetben, ahol Krisztus a király.

Valóban biblikus a gyülekezeti tagság?

Azt is meg szokták kérdezni, hogy a Biblia szól-e a gyülekezeti tagságról. Talán az olvasó is föltette már magának ezt a kérdést.

Ha csak annyi időnk volna a válaszra, amíg együtt utazunk a liftben, akkor olyan szakaszokra mutatnánk rá, mint a Máté 18,17 és az 1Korintus 5,2, ahol Jézus és Pál egy gyülekezeti tag kizárásáról beszél – vagy arra, amit Pál a gyülekezeten „belül" levőkről mond (12. v.). Vagy rámutatnánk a Cselekedetek 2-re és arra, hogy Lukács szerint mintegy háromezren „csatlakoztak" a jeruzsálemi gyülekezethez (41. v.) – vagy a Cselekedetek 6-ra, ahol elmondja, hogy összehívták a gyülekezetet (2. v.). A napjainkban használt „gyülekezeti tagság" kifejezés csakugyan nem szerepel a Bibliában. Ám az Újszövetség szinte minden alkalommal utal a gyakorlatra, valahányszor a *gyülekezet* szót használja – például amikor Lukács elmondja: „a gyülekezet pedig buzgón imádkozott érte Istenhez" (12,5), vagy amikor Pál „Galácia gyülekezeteinek" ír (Gal 1,2). Bár nem használták az összes eszközt, melyeket mi használhatunk manapság – például, tagságra felkészítő tanfolyamokat, tagsági csomagokat és számítógépen tárolt névsorokat –, tudták, kik tartoznak közéjük, mégpedig név szerint.

Azonban ahhoz, hogy megértsük Istennek a gyülekezeteinkre vonatkozó nagyobb céljait, fontos látnunk az átfogóbb történetet. Isten a Bibliában mindenütt élesen körülhatárolja az övéit. Az Éden kertjéhez viszonyítva volt „bent" és „kint". A bárka esetében volt bárkán „belül" és „kívül". Amikor Izráel Egyiptomba ment és Gósenbe zárták, ott is tartott egy bizonyos körön „belül" és „kívül" eső réteget. Gondoljunk csak magukra a csapásokra. Egy részük kizárólag az egyiptomiakat érte, Isten népét nem. Isten kijelentette:

> „De kivételt teszek azon a napon Gósen földjével, ahol az én népem tartózkodik, és ott nem lesznek bögölyök, hogy megtudd: Én, az ÚR, itt vagyok az országban. Így teszek különbséget az én népem és a te néped között." (2Móz 8,18-19)

Böglyök! Isten böglyök segítségével választotta el a népét a kívülállóktól! Azután Izráel a pusztába vándorolt, és Isten tisztasággal kapcsolatos parancsokat adott nekik, hogy a tábor belsejét elkülönítse a külvilágtól. A tisztátalan embereknek a táboron kívülre kellett menniük. Végül bevitte őket az ígéret földjére, ahol szintén volt „bent" és „kint".

Isten mindig elkülönítette népét, hogy megmutathassa rajtuk saját dicsőségét. Azt akarja, hogy ezek a követségek kiemelkedjenek. Nem csoda, hogy Pál ezt az ószövetségi nyelvezetet használja, amikor így szól:

> „Közöttük fogok lakni és járni,
> Istenük leszek,
> és ők az én népem lesznek.
> Ezért tehát menjetek ki közülük,
>   és váljatok külön tőlük, így szól az Úr,
> tisztátalant ne érintsetek,
>   és én magamhoz fogadlak titeket,
> Atyátokká leszek,
>   ti pedig fiaimmá és leányaimmá lesztek,
> így szól a mindenható Úr."
> (2Kor 6,14-18)

Amikor az emberek azt kérdezik, hogy a gyülekezeti tagság szerepel-e a Bibliában, gyakran programszerű dolgot keresnek, hasonlóan az edzőtermi vagy klubtagsághoz. Ilyesmi valóban nem szerepel a Bibliában. Verjük ki a fejünkből az ilyen elképzeléseket. Inkább arra gondoljunk, hogy „az élő Isten temploma" vagyunk, mivel Pál ezzel a képpel írja le, kik vagyunk. Ez a templom nem lehet közös „igában", „partnerségben", „közösségben" vagy „összhangban" nem hívőkkel. Miért? Mert ebben a templomban Isten lakozik. Ő azonosul vele. Igaz persze, hogy meg kell hívnunk nem hívőket az istentiszteleteinkre (1Kor 14,24-25). De a lényeg, hogy a gyülekezetnek világosan tudnia kell, kik tartoznak hozzá, és kik nem – pontosan a gyülekezet bizonyságtétele miatt. Ő azt akarja, hogy kiemelkedjünk és elkülönüljünk, hogy vonzó és meggyőző bizonyságtételt mutathassunk fel a világnak.

A gyülekezeti tagság valóságát az újszövetségi levelek szinte minden oldala feltételezi, de más szavakat használ rá. A gyülekezeti tagság egy családban való tagságot jelent. Családi kötelezettségekkel jár. Azt jelenti, hogy egy egységes test részét képezzük. Együtt jár annak teljes dinamikájával, hogy kapcsolatban vagyunk az összes többi testrésszel. A gyülekezetre vonatkozó mindegyik bibliai metafora segít megértenünk, mi a tagság, és mindegyik szükséges, mert a világon semmi sem fogható a gyülekezethez.

A tagság munka

Térjünk hát vissza ismét ahhoz a gondolathoz, hogy a gyülekezet a mennyek országának követsége vagy kirendeltsége. Ebben a fejezetben az utolsó mondanivalónk a következő: a tagság nem csupán státusz, hanem tisztség vagy állás – és Isten elvárja, hogy dolgozni járjunk (Zsid 10,24-25).

Emlékszünk az esetre, amikor Brüsszelben bementem az amerikai nagykövetségre, átadtam a lejárt útlevelemet, és kaptam egy újat? Tegyük fel, hogy az új útlevelem átadása után a nagykövetség engem is munkára fogott volna, útleveleket ellenőriztetve velem. Erről szól a gyülekezeti tagság: munkára fog minket – védelmeznünk és hirdetnünk kell az evangéliummal kapcsolatos *mi* és *ki* kérdéseket. A tagság tisztséget jelent.

Honnan származik ez a tisztség? Ez benne az érdekes, mert ez segít látnunk, hogyan tartozik össze a Biblia egésze. Gondoljunk vissza Isten parancsaira, melyeket Ádámnak adott az 1Mózes 1-ben a szaporodásra, sokasodásra és a földön való uralkodásra nézve (28. v.). Az volt az ember feladata, hogy *király* legyen (lásd még Zsolt 8). Azután gondoljuk meg, hogy Isten megparancsolta Ádámnak az 1Mózes 2-ben, hogy „művelje és őrizze" a kertet (15. v.). Ádám *papi* feladatot is kapott: segített megőrizni Isten lakóhelyének szentségét. Isten azt akarta, hogy Ádám pap és király legyen.

> *Ádám királyi feladata:* meghódítani és uralni az új területet.
>
> *Ádám papi feladata:* megőrizni a kertnek, Isten lakóhelyének szentségét.

Ádám persze kudarcot vallott e téren. Beengedte a kígyót. Nóé, Ábrahám és Izráel népe is kudarcot vallott. Azután eljött Krisztus, és tökéletesen teljesítette a papi és királyi feladatot, majd minket is megbízott azzal, hogy papok és királyok legyünk. „Királyi papság... vagytok." (1Pt 2,9)

Ez a nagy dolog: gyülekezeti tagként ugyanaz a feladatunk, mint eredetileg Ádámé volt, csupán annak újszövetségi változatát kaptuk meg Krisztustól. Királyokként tágítanunk kell a kert határait, miközben papokként őrizzük a kertet.

Királyokként arra törekszünk, hogy tanítvánnyá tegyünk másokat, és a megbékélés követei legyünk. Az a célunk, hogy több szív vesse alá magát Istennek, a föld további részei kerüljenek az evangélium uralma alá. Ezt majd a 8. fejezetben, a nagy misszióparancsról szólva gondoljuk át alaposabban (Mt 28,18-20; 2Kor 5,18-20).

> *Tagokként a királyi feladatunk:* tanítvánnyá tenni másokat, bővítve Isten országát.
>
> *Tagokként a papi feladatunk:* fenntartani szentségünket, őrizve az evangéliummal kapcsolatos mi és ki kérdéseket, védelmezve Isten országát.

Papokként a feladatunk őrködni Isten lakóhelye, a Gyülekezet fölött. Egyéni és közösségi életünkben külön kell választanunk a szentséget a szentségtelenségtől, felügyelve az evangéliummal kapcsolatos *mi* és *ki* kérdéseket. Egy közösségalapú gyülekezetben ez azt jelenti, hogy segítünk meghozni az arra vonatkozó döntéseket, hogy ki tag, és ki nem az. Minden gyülekezetben azt jelenti, hogy a tagtársainknak segítünk szent életet élni, s minden tőlünk telhetőt megteszünk annak biztosításáért, hogy a gyülekezetünk szorosan az evangélium mellett maradjon (Csel 17,11). Ezt a gyülekezeti fegyelemről szóló következő fejezetben vizsgáljuk bővebben (1Kor 3,16-17; 2Kor 6,14–7,1).

A lényeg, melyet már most elmondhatunk, a következő: a gyülekezeti tagság nem passzív dolog, nem csupán státusz. Nem olyan, mintha egy privát társasklubhoz, vásárlói klubhoz vagy jutalomprogramhoz csatlakoznánk. Inkább állás, ahová dolgozni járunk. Képesítést kell szereznünk rá. Értelmünkkel és szívünkkel egyszerre kell megközelítenünk. Gondolkodnunk kell azon, hogyan lehetünk hatásosak. Mit fogunk előállítani ezen a héten? Áldást jelentünk az egész csapatnak, és kifejtjük hatásunkat, vagy lazítunk?

Ha pedig az a feladatunk, hogy felügyeljük az evangéliummal kapcsolatos *mi* és *ki* kérdéseket, akkor fontos tanulmányoznunk és megértenünk az evangéliumot. Milyen kihatásai vannak? Mi fenyegeti? Hogyan viszonyul a hit más tanaihoz, például a Szentháromsághoz, a bűnhöz és a végső időkhöz? Mit jelent a munkánk polgári életünk vagy a gyermekeink nevelése szempontjából? Hogyan fest az ember életében a valódi hit, szemben a névleges, hamis hittel? Meg tudjuk különböztetni az erőtlensége miatt bűnbe eső gyülekezeti tagot attól a tagtól, aki kitart a bűnben, mert gonosz – báránybőrbe bújt farkas? Tudjuk, hogyan reagáljunk mindkettőjükre? Meg tudjuk különböztetni az igaz tanítót a tévtanítótól?

Ismerjük a gyülekezetünk más tagjait, és életünket befektetjük az övékbe? Hagyjuk, hogy megkavarják az időbeosztásunkat? Segítünk nekik anyagilag, amikor gondjaik vannak? Vagy alapvetően az egész hetünket megtartjuk magunknak, a gyülekezeti tevékenységünket a vasárnapi másfél órára korlátozva?

A hivatásunkra készülve éveket szoktunk iskolában és néha felsőoktatási intézményekben tölteni. Hetente negyven órát fordítunk rá, s mindig tanulunk, fejlődünk és növekszünk. Mindez jó. De milyen lenne, ha ugyanilyen összeszedetten, tudatosan és szorgalmasan látnánk el azt a feladatunkat, hogy védelmezzük Isten evangéliumának népét, és kiterjesszük az evangélium felségterületét?

Komoly vállalkozás

Amikor valaki be akar lépni a gyülekezetbe, melynek lelkipásztora vagyok, a tagjelölttel való beszélgetés végén ilyesmit szoktam mondani:

> Barátom, ha belépsz a gyülekezetünkbe, akkor részben felelős leszel azért, hogy ez a gyülekezet továbbra is hűen hirdesse az evangéliumot. Vagyis részben felelős leszel azért, amit ez a gyülekezet tanít, és azért is, hogy a tagok élete hűséges marad-e. S egy napon Isten elé állva számot fogsz adni e feladatod teljesítéséről. Több kézre van szükségünk az aratáshoz, ezért reméljük, hogy csatlakozol hozzánk ebben a munkában.

A tagjelöltekkel folytatott beszélgetés egyfajta állásinterjú. Jézus megkérdezte Pétertől, kinek tartja Őt, mielőtt munkába állította volna Gyülekezetének felépítése terén. Nekünk is ezt kell tennünk, gondoskodva arról, hogy az emberek tudják, kicsoda Jézus, és milyen feladatra vállalkoznak, amikor belépnek a gyülekezetbe.

Ajánlott olvasmányok

Leeman, Jonathan. *Church Membership: How the World Knows Who Represents Jesus* (Gyülekezeti tagság – Honnan tudja a világ, ki képviseli Jézust). Wheaton, IL: Crossway, 2012.

McCracken, Brett. *Uncomfortable: The Awkward and Essential Challenge of Christian Community* (Kényelmetlen – A keresztyén közösség kínos és nélkülözhetetlen kihívása). Wheaton, IL: 2017.

A gyülekezet olyan keresztyének
csoportja,
↓
akik Krisztus mennyei országának földi
követségeként jönnek össze,
↓
hogy hirdessék Krisztus, a Király jó hírét
és parancsait,
↓
az Ő alattvalóiként a rendelések által
erősítsék egymást,
↓
**s maga Isten szentségét és szeretetét
tükrözzék,**
↓
egységet alkotó, ugyanakkor sokszínű
népként
↓
az egész világon,
↓
az elöljárók tanítását és példáját
követve.

6.
Valóban szeretetteljes dolog a gyülekezeti fegyelem?

Jonathan Leeman

TALÁN RIASZTÓNAK TALÁLJUK a „gyülekezeti fegyelem" kifejezést. *Csakugyan fegyelmet gyakorolnak a gyülekezetek?* – tűnődünk. *És lehet egyáltalán szeretetteljes a fegyelmezés?*

A gyülekezeti fegyelem valóban elengedhetetlenül hozzátartozik a keresztyén tanítványsághoz. Figyeljük meg, hogy a *tanítvány* és a *fegyelem* szavak angol [és latin] megfelelői egymás rokonai.[2] Ha a tanítványság tanítást és helyreigazítást foglal magában, az emberek a „fegyelem" szóval általában a helyreigazító tevékenységre utalnak. A növekedéshez útmutatásra és helyreigazításra egyaránt szükség van. Mennyit növekednének a tanulók egy olyan matektanár mellett, aki elmagyarázná az anyagot, de sosem javítaná ki a hibáikat? Vagy milyen teniszoktató volna az, aki bemutatná a teniszütő használatát, de nem jelezne vissza, ha a tanulók egyfolytában ugyanazt a durva hibát követik el?

Ugyanígy a keresztyén tanítványok képzése magában foglalja a tanítást és a helyreigazítást, a „gyülekezeti fegyelem" pedig második részt jelenti – *a bűn helyreigazítását*. A fegyelmezési folyamat négyszemközti figyelmeztetésekkel kezdődik, mint amikor egyik barátom leültetett a gyülekezet folyosóján egy padra, és így szólt: „Néha nagyon önző vagy" – majd felsorolt néhány konkrét példát. Ezt nem volt könnyű hallanom, de a barátomnak

---

2 Angolul *disciple* és *discipline;* e szavak latin ősei a *discipulus* (diák) és a belőle származó *disciplina* (fegyelem) – a ford.

igaza volt, és a világos beszédével segített növekednem. A folyamat vagy az illető bűnbánatával ér véget, vagy – ha szükséges – azzal, hogy a gyülekezet kizárja a tagok sorából és az úrvacsora vételéből a bűnbánatot nem tartó személyt.

Az emberek a „gyülekezeti fegyelem" kifejezéssel szűkebb értelemben erre az utolsó lépésre is utalhatnak, mint amikor azt mondják: „Fegyelmi úton kizártuk Pétert a gyülekezetből." Ezen azt értik, hogy megszüntették Péter gyülekezeti tagságát, és így nem vehet részt az úrvacsorában. A *kiközösítés* szót is használhatják, amikor erre az utolsó lépésre gondolnak.

A gyülekezeti fegyelmezés ezen utolsó szakasza a gyülekezeti tagság másik oldala. Gondoljunk vissza az előző fejezetre: a tagság magában foglalja a hit megvallásának *megerősítését*. A fegyelmezés az utolsó szakaszában azt jelenti, hogy *megszüntetjük* ezt a megerősítést olyan bűn miatt, ami (1) bűnbánat nélküli, (2) ellenőrizhető és (3) jelentős. A gyülekezet nem jelenti ki teljes bizonyossággal, hogy valaki nem keresztyén, amikor megszünteti az illető tagságát. A gyülekezeteknek nincs a Szent Szellemtől kapott röntgenszemük, mellyel az ember szívébe látnának. Valójában a gyülekezet azt mondja ilyenkor: „Többé nem vagyunk hajlandók nyilvánosan megerősíteni a hitvallásodat. Ez az életedben levő konkrét bűn miatt van, melyet nem vagy hajlandó elhagyni [1. feltétel], és amelynek ténye vitathatatlan [2. feltétel], elég jelentős ahhoz [3. feltétel], hogy aláássa a hited megvallásának hihetőségét."

Mennyire jelentős a jelentős bűn? Tény, hogy ezt mindig az adott helyzet alapján kell megítélni, de a lényeg az, hogy bizonyos meg nem bánt bűnök hiteltelenné vagy hihetetlenné teszik a hitvallást, más bűnök pedig nem. A gyülekezetnek valószínűleg nem kell kizárnia azt a férjet, aki a felesége minden szelíd tiltakozása ellenére önző módon megeszi a házban levő összes fagylaltot – ez persze *tisztán* elképzelt példa. Azonban ki kellene zárnia a feleségét elhagyó férjet.

A gyülekezetből kizárt embernek általában részt szabad vennie a gyülekezet nyilvános alkalmain (kivéve fizikai, polgári vagy másfajta fenyegetés/veszély esetén), de már nem tekintik őt tagnak. Nem járulhat úrvacsorához. Az istentisztelet utáni négyszemközti beszélgetések – ha sor kerül rájuk – nem lehetnek felszínesek és könnyedek. Komolyságnak és buzgó bűnbánatra hívásnak kell jellemeznie őket.

A gyülekezeti fegyelem ugyanúgy nem a büntetésről vagy a megtorlásról szól, mint a tanteremben az elégtelen osztályzat. Mindkettőnek az a célja, hogy bűnbánatra, megtérésre késztesse az embert. Amint Pál mondja: „átadjuk az ilyet a Sátánnak, teste pusztulására, hogy szelleme üdvözüljön az Úrnak ama napján" (1Kor 5,5).

Ám a gyülekezeti fegyelem nemcsak a bűnben élő egyénnek használ, hanem a gyülekezet egészének is, különösen azoknak, akiket mások könnyen kihasználhatnának. Az utóbbi években egyesek azért hagyták ott a gyülekezeteket, mert a közösségük nem törődött a visszaélésekkel. Csak vigyázzunk, nehogy a fürdővízzel együtt a gyereket is kiöntsük. Ehelyett segítsünk a gyülekezetünknek a bibliai gyülekezetmodell felé haladni, ahol a visszaélés nehezebben rejthető el, és a sebezhető tagok a világ legbiztonságosabb helyének találják a gyülekezet közösségét. Ez a bibliai látás magában foglalja a tanítványság és fegyelmezés kultúráját, ahol a tagok nyíltan és átláthatóan élnek, tudva, hogy korai szakaszban megvallhatják a bűnöket, amikor azok viszonylag „kicsik" – mielőtt az erkölcsi repedések szakadékokká nőnének. Az ilyen gyülekezetben jelen van a mégis bekövetkező „nagyobb" bűnök kezelésének ismert és nyílt folyamata, egészen a nyilvános bejelentésig és kizárásig.

A szeretet a világ értelmezésében

Ez a gyülekezeti fegyelem rövid összegzése. A fejezet hátralevő részében a gyülekezeti fegyelmezést a szeretet nagyobb összefüggésébe kívánjuk helyezni. Ma nehezen emésztjük meg a fegyelmezést, mert szeretetlennek érezzük.

A gyülekezeti fegyelemmel kapcsolatos első tapasztalatomra az 1990-es évek végén, egyedülállóként tettem szert. Éppen együtt ebédeltünk egy futótársammal és jó barátommal. A randevúzási szokásaimról beszélgettünk. Azután az őt érdeklő dolgokról kérdeztem a srácot, és bevallotta, hogy bűnben él. Amikor megkérdeztem, tudja-e, mit tanít a Biblia, igennel felelt. De meg volt róla győződve, hogy a Biblia téved. Nem volt hajlandó visszafordulni. Néhány nappal később magammal vittem egy másik jó barátomat, hogy ismét szembesítsük bűnével az illetőt, de ugyanaz volt az eredmény. Idővel a gyülekezet elöljáróit is bevontuk. Ők is ugyanazt a választ kapták. Végül az elöljárók a gyülekezet elé tárták az ügyet. A gyülekezet további két hónapot adott a barátomnak a megtérésre. Nem tette. Ezért a gyülekezet elhatározta, hogy fegyelmi úton kizárja őt a tagok közül. A bűne mindhárom feltételnek eleget tett: hiányzott a *bűnbánat;* a bűn *ellenőrizhető* volt, vagyis mindenki egyetértett a tényeket illetően; és elég *jelentős* volt ahhoz, hogy aláássa a barátom hitvallásának hitelét.

Azokban a hónapokban néha azon tűnődtem, hogy szeretettel járunk-e el. A gyülekezeti fegyelem gyakorlását nem mindig *érezzük* szeretetteljesnek. A kulturális ösztönök azt súgták a fülembe, hogy nem szeretetben járunk el.

A világunk azt a tüzes érzést érti szereteten, amely akkor tölt el minket, amikor találkozunk a világegyetem vagy Isten által nekünk szánt személlyel. Ez az érzés akkor „következik be", amikor rájövünk, hogy az illető „teljessé tesz" minket. A szeretet azt is jelenti, hogy hagyunk másokat a saját tüzük után menni, bármi legyen is az.

A szeretet megtalálása tehát önmagunk megismerésén, kifejezésén, megvalósításán alapul. Ha a szeretet megköveteli, hogy elvessük a szüleinket, az osztályunkat, a gyülekezetet, a hagyományos erkölcsi nézeteket, sőt a társadalom egészét, legyen. A szeretethez azt kell tennünk, ami számunkra helyes.

A szeretet sosem ítél el másokat – mondjuk. A szeretet szabaddá teszi az embereket. Ez a végső ütőkártya, a minden vitának véget vető érv, annak végső igazolása, hogy megtegyük, amit a legjobban tenni szeretnénk. „De én ezt szeretem..." „Ha valóban szeretik egymást, akkor természetesen el kell fogadnunk..." „Ha Isten szeret, akkor bizonyára nem bánja..."

A szeretet – legalábbis az általunk definiált szeretet – az egyetlen vitathatatlan törvény. A világ nem hiszi, hogy Isten maga a szeretet, de azt igen, hogy a szeretet egy isten.

Sajnos nem csak a világi kultúra határozza meg így a szeretetet. Igen gyakran a keresztyének is engednek a szeretet ilyen értelmezésének.

Annak érdekében, hogy segítsünk az olvasónak újra fölfedezni a gyülekezetet, ebben a fejezetben szeretnénk meggyőzni három dologról. Először is, a gyülekezeti fegyelem biblikus. Másodszor, szeretetteljes. Megeshet ugyan, hogy egy gyülekezet nem a szeretet jegyében gyakorolja a fegyelmezést, de a Jézus által életbe léptetett gyakorlat kétségkívül szeretettel teli. Harmadszor – ami a legfontosabb –, a fegyelmezés Isten szent szeretetére tanít minket.

A továbbiakban gyakorlatiasan átgondoljuk, mit jelent mindez számunkra.

Valóban biblikus a fegyelmezés?

Először is, csakugyan szerepel a Bibliában a gyülekezeti fegyelem? Igen.

Máté 18. Jézus a Máté 18-ban azzal a tanításával veti föl a témát, hogy a jó pásztor otthagyja a nyájban levő kilencvenkilenc juhot, hogy megkeresse az egyetlen eltévedtet (10–14. v.). Hogyan keressük meg az eltévedtet? Jézus azt feleli:

„Ha vétkezik atyádfia, menj el hozzá, intsd meg négyszemközt: ha hallgat rád, megnyerted atyádfiát. Ha pedig nem hallgat rád, végy magad mellé még egy vagy két embert, hogy két vagy három tanú szava erősítsen meg minden vallomást. Ha nem hallgat rájuk, mondd meg a gyülekezetnek. Ha pedig a gyülekezetre sem hallgat, tekintsd olyannak, mint a pogányt vagy a vámszedőt." (15–17. v.)

Figyeljük meg, hogy Jézus azt akarja, hogy a lehető legkisebb ügyet csináljuk a dologból. De arra is kész, hogy az egész gyülekezet elé vigye az esetet. Mindnyájan részt veszünk ebben a kölcsönös megerősítésben, mert közös a családi nevünk. Felelősek vagyunk egymásért, akárcsak a test különböző részei.

Figyeljük meg azt is, hogy Jézus hisz a megfelelő folyamatban. Két vagy három tanúnak kell megerősítenie a dolgot, mint az ószövetségi bíróságokon (5Móz 19,15). Nem akarja, hogy hamis vádak vagy népítélet irányítsák a gyülekezetet. Nem akarja, hogy a lelkipásztorok értelmezzék az emberek jellemét: ő büszke. Fontos, hogy a bűn ellenőrizhető legyen, a tények ne képezzék vita tárgyát.

1Korintus 5. Pál ugyanezt tanítja az 1Korintus 5-ben. Szembesíti a gyülekezetet egyik tagjuk bűnével, aki az apja feleségével hál (1. v.). A gyülekezet már tud a helyzetről, de valamiért büszkék. Talán szeretetteljesnek és toleránsnak vélik magukat. Pál mindenesetre azt mondja, hogy ne legyenek büszkék, hanem távolítsák el maguk közül azt a férfit, aki ezt tette (2. v.).

Mire következtessünk abból, hogy Pál eljárása sokkal gyorsabb, mint Jézusé? A gyülekezeti fegyelmezés terén nincs univerzális folyamat. Minden esetet gondosan és bölcsen kell kezelni, figyelembe véve az eset sajátos körülményeit és minden releváns háttérinformációt. Nem elég, ha a gyülekezet szeretetteljes. Bölcsnek is kell lennie.

Az 1Korintus 5 a fegyelmezés célját is segít látnunk. Először is, a fegyelmezés leleplezi a bűnt (lásd 2. v.), amely a rákhoz hasonlóan szereti álcázni magát.

Másodszor, a fegyelmezés a közelgő nagyobb ítéletre figyelmeztet (5. v.).

Harmadszor, a fegyelmezés megment. Ez a gyülekezet utolsó eszköze, amikor minden egyéb figyelmeztetés válasz nélkül maradt (5. v.).

Negyedszer, a fegyelmezés megvédi a többi gyülekezeti tagot. Ahogy a rák sejtről sejtre terjed, úgy a bűn is gyorsan átterjed egyik emberről a másikra (6. v.).

Ötödször, a fegyelmezés megőrzi a gyülekezet bizonyságtételét, amikor az a világ útjait kezdi követni (lásd 1. v.). Hiszen a gyülekezetek feladata az, hogy só és világosság legyenek. „Ha pedig a só megízetlenül" – mondta Jézus –, „semmire sem való már, csak arra, hogy kidobják, és eltapossák az emberek" (Mt 5,13).

A gyülekezeti fegyelmezés Isten szeretetére tanít minket

Megeshet, hogy a fejünkben meg vagyunk győződve arról, hogy Jézus adta nekünk a gyülekezeti fegyelmet, miközben mégis félünk követni a tanítását, mert más ösztöneink azt súgják, hogy a fegyelmezés szeretet nélküli dolog. Mintha csak azt hinnénk, hogy szeretetteljesebbek vagyunk Jézusnál.

Át kell formálnunk ezeket az ösztöneinket. Vizsgáljuk meg tehát, valóban szeretetteljes dolog-e a gyülekezeti fegyelmezés.

A Szentírás nyilvánvalóan összekapcsolja a fegyelmezést és a szeretetet: „mert akit szeret az Úr, azt megfenyíti, és megostoroz mindenkit, akit fiává fogad" (Zsid 12,6). Isten nem tartja összeegyeztethetetlennek a szeretetet és a fegyelmezést, hanem azt tanítja, hogy a szeretet fegyelmezésre indít.

A Zsidókhoz írt levél szerzője szerint a fegyelmezés szeretettel teli cselekedet, mert segít növekednünk a szentségben, az igazságban és a békességben: „[Isten] pedig javunkra teszi ezt [a fegyelmezést], hogy szentségében részesüljünk. Pillanatnyilag ugyan semmiféle fenyítés nem látszik örvendetesnek, hanem keservesnek, később azonban az igazság békességes gyümölcsét hozza azoknak, akik megedződtek általa" (Zsid 12,10-11). „Az igazság békességes aratása" kifejezésről arany búzamezők jutnak eszünkbe. Nem gyönyörű kép?

A Biblia valójában számos olyan dolgot mond, ami nem egyezik a kultúránk nézetével, mely szerint *a szeretet azonos az önkifejezéssel*. Kijelenti, hogy a szeretet nem örül a rossznak, de együtt örül az igazsággal (1Kor 13,6). És úgy jellemzi azt, mint az igazság társát (2Jn 1-3). Mondhatjuk, hogy szeretünk, de ha nem az igazság szerint járunk, hanem abban gyönyörködünk, amit Isten rossznak mond, akkor nyilván nem szeretünk anynyira, mint hisszük.

Maga Jézus Isten parancsainak megtartásához köti a szeretetet. Azt mondja magáról: „Hogy azonban megtudja a világ, hogy szeretem az Atyát..., úgy cselekszem, ahogyan az Atya parancsolta..." (Jn 14,31).[3] Ugyanezt mondja rólunk: „Aki befogadja parancsolataimat, és megtartja azokat, az szeret engem" (21. v.). Sőt azt is kijelenti, hogy ha megtartjuk a parancsait, megmaradunk a szeretetében (15,10). János pedig azt mondja, hogy ha megtartjuk Isten Igéjét, teljessé lesz bennünk Isten szeretete (1Jn 2,5).

Az ilyen igeszakaszok alapján úgy tűnik, a legtöbbünknek radikális változásra van szükségünk a szeretetről alkotott felfogásunkat illetően. A

---

3   Az angol English Standard Version nevű bibliafordítás alapján – a ford.

Bibliában a szeretet (akárcsak a hit) engedelmességhez vezet, és az engedelmesség a szeretet (és a hit) jele, amint az ábrán látható:

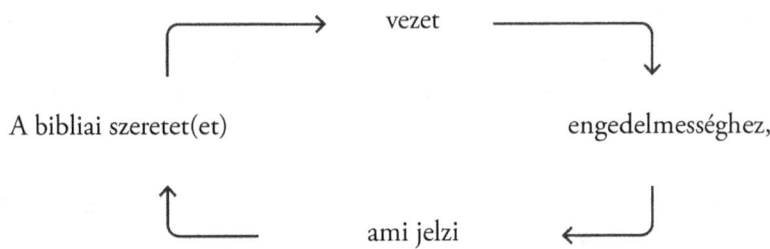

Gondoljunk arra a bibliai tanításra, miszerint „Isten szeretet" (1Jn 4,16). Amikor a saját bevallásuk szerint Istent szerető emberek eltávolodnak Istentől, azzal szeretjük őket a legjobban, ha helyreigazítjuk őket, és kijelentjük: „Nem, nem, nem. Isten szeretet. Ha tehát szeretetre vágysz, vissza kell térned Istenhez." Akik engedetlenül ellenállnak Istennek, azok a szeretet elől menekülnek. A szeretet helyett valami mást választanak, ha szeretetnek is mondják azt.

Ha Isten szeretet, akkor azzal szeretjük az embereket, ha megosztjuk velük az evangéliumot, hogy megismerhessék Istent.

Ha Isten szeretet, akkor azzal szeretjük az embereket, ha megtanítjuk őket mindarra, amit Isten parancsol, hogy követhessék Istent.

Ha Isten szeretet, akkor azzal szeretjük az embereket, ha helyreigazítjuk őket, amikor eltávolodnak Istentől.

Ha Isten szeretet, akkor azzal szeretjük az embereket, ha kizárjuk őket a gyülekezet tagjai közül, amikor inkább a saját vágyaikhoz ragaszkodnak, mint Istenéhez, mert az életre és a szeretetre annak felismerése jelenti az egyetlen reményüket, hogy ezzel elvágják magukat Istentől.

A gyülekezeteknek tehát alapvetően a szeretet miatt kell gyakorolniuk a gyülekezeti fegyelmezést:

- a bűnös iránti szeretet miatt, hogy bűnbánatra juthasson,
- a többi gyülekezeti tag iránti szeretet miatt, nehogy félrevezessék őket,

- a nem keresztyén felebarátaink iránti szeretet miatt, nehogy több világiasságot lássanak a gyülekezetben,
- a Krisztus iránti szeretet miatt, hogy helyesen képviseljük a nevét.

Isten szent szeretete

A gyülekezeti fegyelem Isten szeretetét illetően egy sajátos dologra tanít minket, ami igen gyakran hiányzik a szeretet meghatározásaiból: Isten szeretete szent. Isten szeretetét nem választhatjuk el az Ő szentségétől. Szeretete az Ő szent céljait szolgálja, és az Ő szent céljai szeretetteljesek. Az emberek néha szembeállítják egymással a „szentségi gyülekezeteket" és a „szeretetteljes gyülekezeteket". Ez lehetetlen. Ha egy gyülekezetből az egyik hiányzik, akkor mindkettő hiányzik.

A szeretet és a szentség kapcsolata egyúttal segít megértenünk a Biblia tartós témáját, a kizárást és a száműzetést vagy fogságot. Az olyan igeszakaszok, mint a Máté 18 és az 1Korintus 5 nem arról szólnak, hogy Isten új vagy eltérő dolgot cselekszik. Gyors bepillantást nyújtanak abba, amit Isten mindig is cselekedett. Ő mindig is eltávolította színe elől a bűnt. Isten kizárta Ádámot és Évát a kertből, amikor vétkeztek. Kizárta Nóé bárkájából a megromlott világot. Kizárta a kánaániakat az ígéret földjéről, és végül saját népét is kizárta arról a földről. A szent sátorral kapcsolatos összes törvény szintén arra szolgált, hogy kizárja a tisztátalan és szentségtelen dolgokat. És Isten megígérte, hogy az utolsó napon kizárja mindazokat, akik nem vetették a hitüket Krisztus testet öltött életének, helyettes halálának és halált legyőző feltámadásának befejezett munkájába.

Azonban van ennek egy másik oldala is. Bár Isten kizárja a bűnt és a bűnösöket, egyúttal magához vonzza az embereket, hogy átformálja őket saját képére, hogy az Ő szent szeretetét megmutathassák a népeknek – hogy „a föld tele [legyen] az ÚR dicsőségének ismeretével, ahogyan a tengert víz borítja" (Hab 2,14). Hogyan lesz így tele a föld? Gondoljunk vissza Isten parancsára, melyet Ádámnak és Évának adott a föld megtöltését illetően – az Ő képmásának hordozói, miután a Szellem által újjászülettek, betöltik az eredeti küldetést, s mindenütt láthatóvá teszik az Ő szeretetteljes, szent és igaz képmását. Ennek kezdetét jelentik a gyülekezeteink, melyek gombostűk módjára borítják a térképet mint Isten dicsőséges, szent szeretetének követségei. Pál szerint Istennek éppen az a célja a gyülekezettel, hogy „ismertté legyen most a gyülekezet által a mennyei fejedelemségek és hatalmasságok előtt az Isten sokféle bölcsessége" (Ef 3,10). Emiatt imádkozik Pál értünk is a következő szavakkal: „képesek legyetek felfogni minden szenttel együtt: mi a szélesség és hosszúság, magasság és mélység; és így megismerjétek Krisztusnak minden ismeretet meghaladó szeretetét" (18–19. v.). Isten bölcsességének és dicsőségének tükrözése azt jelenti, hogy megismerjük és átéljük Krisztus szeretetét – annak szélességét, hosszúságát, magasságát és mélységét.

Mit jelent ez számunkra?

A gyülekezeti fegyelmet illetően további kérdések is fölmerülnek. Mikor történjen meg a helyreállás? (Amikor bekövetkezik a bűnbánat.) Hogyan gyakorolja a fegyelmet a gyülekezet? (Minél kevesebb ember bevonásával, mindig a legjobbat feltételezve az egyénekről, a gyülekezet vezetőinek irányításával, végül az egész gyülekezet bevonásával stb.) Csak ízelítőt akartunk adni a dologból.

Mindent egybevetve, a gyülekezeti fegyelmezés kemény, de szeretettel teli dolog. Megvédi az embereket az önáltatástól. Egyszer a feleségemmel szembesítenünk kellett egyik közeli barátunkat a munkahelyén meghozott bűnös döntésével. A hölgy elutasította a helyreigazítást. Bevontuk két további barátunkat, majd még kettőt. A hölgy minden alkalommal visszautasította a szeretetünket. E hetekig tartó folyamat során többször kavargott a gyomrom, és nem tudtam aludni – mindkettő ritkaság nálam. Mégis folytattuk, mert meg voltunk győződve arról, hogy Isten szeretetteljesebb nálunk, és megbízhatunk Igéjében. Csodálatos módon ez a hölgy végül visszajött hozzánk, és elmondta, hogy változtatott a bűnös munkahelyi döntésén. Dicsőség Istennek! Kemény volt, de megérte.

Azonban a gyülekezeti fegyelem nemcsak az önáltatástól védi az embereket, hanem a másokat kihasználó emberektől is megvédi azokat, akik sebezhetők. Az olvasók talán emlékeznek a 2018-as MeToo-mozgalomra, amely hangot adott a szexuális bántalmazás áldozatainak. Rövidesen követte ezt a ChurchToo.[4] Egyre több hang hívta fel a gyülekezeteket, hogy foglalkozzanak saját bűnös gondatlanságukkal. Ha az abúzus szörnyű, az azt figyelmen kívül hagyó gyülekezet legalább olyan rossz, éppen azért, mert Isten azzal bízta meg a közösségeit, hogy a helyreállítás, az orvoslás és a gyógyulás helyei legyenek minden igazságtalansággal szemben, melyeket a világ ránk zúdít, a visszaélést és a bántalmazást is beleértve. A gyülekezeteknek kétségkívül hasznos volt hallaniuk ezt a felhívást. Hála Istennek, sok gyülekezet hűségesen, határozottan és gyorsan szokta kezelni az ilyesmit. Másokról ez nem mondható el. Továbbra is tájékozatlanok, felkészületlenek és lassan reagálnak. Vagy ami még rosszabb, nem hajlandók észrevenni a problémát. Mindenesetre – ami a továbblépést illeti – nem a gyülekezetek elhagyása a megoldás, hanem annak biztosítása, hogy a közösségeink kinyissák a Bibliát, és megragadják éppen azt az eszközt, amelyet Isten biztosított avégett, hogy (a legjobb esetben) megelőzze az abúzust, vagy (a legrosszabb esetben) utat mutasson a bántalmazásra adott reakciót illetően – a tanítványság és a fegyelmezés kultúráját. Az alázatosan, szeretettel és felelősségteljesen fegyelmet gyakorló gyülekezet eleve sosem szorul rá a MeToo- vagy ChurchToo-mozgalomra.

Milyen tanulságot vonhatunk le mindebből? Ügyeljünk rá, hogy kapcsolatba kerüljünk a gyülekezet más tagjaival, hogy ismerjük őket, és ők is ismerjenek minket. Az alázatos és őszinte beszélgetést biztosító környezet fokozza a bizalmat. Igyekezzünk olyan emberré válni, akit könnyű helyreigazítani. Ha nem tesszük, a barátaink és családtagjaink hamar rájönnek, hogy a helyreigazításunk hiábavaló, sőt veszélyes vállalkozás, úgyhogy abbahagyják. Mennyire védtelenné tesz ez bennünket!

Hívjuk fel az embereket, hogy ismerjenek meg minket. Kérjünk tőlük kritikai visszajelzést. Valljuk meg bűneinket. Kockáztassuk meg a kínos

---

4 A gyülekezetben történt szexuális visszaélések áldozatait megszólaltató mozgalom – a ford.

helyzeteket. Bátorítsunk másokat a Krisztussal való járásukban. Legyünk készek lefolytatni azokat a kínos beszélgetéseket, amelyekben szelíden, gyengéden szembeszállunk a bűnnel. Ez általában azt jelenti, hogy kérdésekkel kezdünk, nem pedig vádakkal, hogy meggyőződjünk róla, jól értjük-e a dolgot.

Mindez nem csupán a lelkipásztorok feladata, hanem minden tagé. Amikor a gyülekezet tagjai így élnek, a gyülekezeti fegyelmezés túlnyomó többségéről sosem értesül egy-két embernél több. Sosem szereznek róla tudomást az elöljárók. A Test a rendeltetésének megfelelően működik: minden tag szeretetben építi a Testet (Ef 4,15-16). Így a gyülekezetünk apránként, a dicsőség fokozatain keresztülmenve Isten szent szeretetét tükröző követséggé válik.

Ajánlott olvasmányok

Leeman, Jonathan. *Understanding Church Discipline* (A gyülekezeti fegyelem megértése). Nashville: B&H, 2016.

Leeman, Jonathan. *The Rule of Love: How the Local Church Should Reflect God's Love and Authority* (A szeretet uralma – Hogyan tükrözze a helyi gyülekezet Isten szeretetét és tekintélyét). Wheaton, IL: Crossway, 2018.

A gyülekezet olyan keresztyének
csoportja,
↓
akik Krisztus mennyei országának földi
követségeként jönnek össze,
↓
hogy hirdessék Krisztus, a Király jó hírét
és parancsait,
↓
az Ő alattvalóiként a rendelések által
erősítsék egymást,
↓
s maga Isten szentségét és szeretetét
tükrözzék,
↓
**egységet alkotó, ugyanakkor sokszínű
népként**
↓
az egész világon,
↓
az elöljárók tanítását és példáját
követve.

7.
Hogyan szeressem a másfajta tagokat?

Collin Hansen

KÉPZELJÜK EL, HOGY AZ A CÉLUNK, hogy a lehető leggyorsabban felépítsünk egy gyülekezetet. A fő célkitűzésünk a számszerű növekedés. Vonzani akarjuk az embereket. Mi legyen a stratégiánk? Valószínűleg a tanítással kezdenénk, igaz? Manapság világszerte sok követőre tehetünk szert könyvek, podcastok és videók révén. Akár arra a következtetésre is juthatunk, hogy az online vagy virtuális gyülekezet a gyors számszerű növekedés legjobb módja. Alighanem akkor hozhatunk létre a leggyorsabban egy nagy gyülekezetet, ha egy dinamikus tanító egyéniségére építjük azt.

Ám nem ez az egyetlen módszer. Gondoljunk a zenére. Sok gyülekezet még ma is a múltban vesztegel az úgynevezett dicsőítő élmény terén. Tehát elhatározzuk, hogy a gyülekezetünk csak a legfrissebb, élvonalbeli zenét fogja előadni. Huszonéves zenészeket szerződtetünk, arra is biztatva őket, hogy készítsenek zenei felvételeket digitális kiadás céljából. Ily módon a gyülekezetünk online rajongói bázisra tehet szert, amely remélhetőleg növeli a gyülekezetünk hírnevét mint újító és növekvő közösség.

Mi a helyzet a közösséggel? Az emberek azt mondják, hogy zenére és tanításra vágynak, de valójában barátokra van szükségük. Ezt nem könnyű elősegíteni, amikor mindenkit annyira leköt a munka és az utazás. Mindenesetre alighanem a kis csoportokkal tudunk a leghatékonyabban segíteni az embereknek egymás megismerésében. De hogyan szervezzük meg őket? Összegyűjthetjük az embereket területi alapon. Megtarthatunk néhány már meglévő baráti kört. Ám alighanem az a legjobb megközelítés, ha életszakasz vagy érdeklődés szerint szervezzük meg a csoportokat. Gyűjtsük egybe az újdonsült szülőket. Tegyük az egyik csoportba az egyedülállókat, a másikba pedig azokat a szülőket, akiknek a gyermekeik kirepültek a fészekből. Indítsunk csoportot azoknak, akik szeretnek motorozni, és egy másikat azoknak, akik kötni szoktak. A lehetőségek korlátlanok. Az embereket végül a változatos programjaink fogják a gyülekezetünkhöz vonzani. Nálunk fog működni a város legjobb ifjúsági szolgálata, így a szülők gyülekezetet váltanak. Indítsunk szombat esti istentiszteletet, hogy a golfozni szerető férfiak vasárnap délelőttje felszabaduljon. Minél változatosabban vehetnek részt az emberek a gyülekezetünk életében anélkül, hogy változtatniuk kellene az életmódjukon, annál könnyebben tud majd növekedni a gyülekezetünk.

Ez a rövid gyakorlat bepillantást enged sok mai gyülekezeti vezető gondolkodásába. A számszerű növekedés volt a kitűzött cél. De észrevettük-e, milyen feltevés rejlett e stratégiák mögött? Az emberek kedvelik a magukhoz hasonló emberek társaságát. Ismerős, kiszámítható környezetben érzik jól magukat. Olyan emberekkel akarnak együtt lenni, akik ugyanolyan tanítási stílust kedvelnek, hasonló a zenei ízlésük, s ugyanazokat a kérdéseket teszik fel a házasságot, szülői hivatást vagy randevúzást illetően – és gyakran a bőrszínük is ugyanolyan, mint az övék. Egy nagy gyülekezet felépítésének leggyorsabb, leghatékonyabb módja, ha kiválasztjuk a lakosság hasonló érdeklődésű szegmensét, és kiszolgáljuk őket a tanítás, éneklés és barátkozás terén. Ez nem új jelenség. Az egyháztörténet nagy részében feltételezték ezt.

Ezért kell újra fölfedeznünk a gyülekezetet mint a különböző emberek közösségét. A helyi gyülekezet az a hely, ahol Jézus arra tanít minket, hogy szeressünk mindenféle embert, még az ellenségeinket is – az egyik törzset, népet és nemzetet éppúgy, mint a másikat. S ahogy a látóhatár szélén felbukkan a hajnali napkorong, úgy kell megkezdődnie közösségeinkben az ószövetségi jövendölés beteljesülésének:

„Kardjaikból kapákat kovácsolnak, lándzsáikból metszőkéseket. Nép a népre kardot nem emel, hadakozást többé nem tanul."

(Ézs 2,4)

Nézzünk hát körül, amikor vasárnap délután vendégül látunk néhány testvért, szerda este a kis csoportunkkal fölkeressük az idősek otthonát, vagy péntek reggel férfiak egy csoportjával imádkozunk, és gondoljuk át, mit látunk. Egységet alkotó és sokszínű, egymást szerető embereket?

Bűnösök gyülekezete

Jézus tizenkét tanítványa külsőre nagyjából egyformán fest: zsidó férfiak. Többen halászként dolgoztak, mielőtt Jézus elhívta őket, hogy kövessék Őt. Némelyikük hivatását nem ismerjük. De tudjuk, hogy Mátét a vámszedőhelyről hívta el Jézus (Mt 9,9). Talán nem sokat foglalkozunk ezzel a részlettel, de Máté tudta, hogy zsidó olvasói fontosnak tartják. Miért? Mert gyűlölték az adószedőket – nem úgy, ahogy az emberek neheztelhetnek a NAV-ra, hanem sokkal inkább. A zsidó vámszedők a gyűlölt megszálló erőnek dolgoztak. Azoknak szedték az adót, akik éppen azokat a római katonákat etették és látták el, akik brutális hatékonysággal uralkodtak rajtuk. Amikor Jézus elhívta Mátét, feldühítette a farizeusokat: „Miért eszik a ti mesteretek vámszedőkkel és bűnösökkel együtt?" – kérdezték Jézus tanítványaitól. Jézus meghallotta a kérdésüket, és így felelt: „Nem az egészségeseknek van szükségük orvosra, hanem a betegeknek. Menjetek, és tanuljátok meg, mit jelent ez: Irgalmasságot akarok, és nem áldozatot. Mert nem azért jöttem, hogy az igazakat hívjam, hanem a bűnösöket" (Mt 9,11-13).

Ma a gyülekezeten belül és kívül egyaránt sokan elkövetik a farizeusok tévedését. Vajon nem a helyes politikai nézeteket valló embereknek való a gyülekezet? Nem azoknak való, akik összeszedték magukat? Nem azoknak való, akik úgy néznek ki, úgy gondolkodnak és beszélnek, mint én?

A gyülekezeti életet nem ismerő látogató szemében mindenki más oly boldognak, sikeresnek és összeszedettnek tűnhet. És némelyik gyülekezet pontosan ezt a benyomást akarja kelteni.

Jézusnak azonban nem ez volt a szándéka. Csak a betegek mennek orvoshoz. És csak a bűnösök mennek gyülekezetbe. A farizeusok azt hitték, hogy Jézus nélkül is igazak. Nem volt szükségük rá. Azonban Máté és a többi bűnös tudta, hogy szüksége van Jézusra. Szégyellték a múltjukat, bűntudatuk volt a tetteik és a mulasztásaik miatt. Jézus szeretete semmilyen korábbi tapasztalatukhoz nem volt fogható. Egykor számkivetettek voltak. Most Isten Fiának közelébe kerültek. Nem tudtak nélküle élni. Ezek a vámszedők és bűnösök Jézus nélkül nem lettek volna közösségben egymással. Nem sok közös volt bennük azon kívül, hogy a farizeusok elutasították őket. Jézus azonban egybegyűjtött olyan embereket, akik természetes módon nem lettek volna egymás barátai és szövetségesei. Jézus a tizenkét tanítvány ugyanazon csoportjába hívott egy Simon nevű embert is, akit mindenki a Zélótaként ismert (Csel 1,13). A zéloták pártja a római megszállók hatalmának erőszakos megdöntésén munkálkodott. Ők neheztelte a farizeusokra, amiért azok nem űzték el a külföldi erőket. Ám a kollaboránsokat gyűlölték igazán – az olyan embereket, mint Máté, a vámszedő.

Elképzelhetjük a Simon és Máté közti kínos beszélgetéseket. De Jézus mindkettőjüket elhívta. Mindkettőjüket szerette. Életének éveit annak szentelte, hogy mindkettőjüket tanítsa Isten országára, amely minden földi megosztottságon túllép.

Negatív közösség

Azért kell újra fölfedeznünk a gyülekezetet mint különböző emberek közösségét, mert túl könnyen beleesünk a világ közösségről alkotott elképzeléseibe. A világ két lehetőséget ad nekünk. Az egyik szemléletmód arra kér minket, hogy a sokszínűséget ünnepeljük, elsőbbséget adva az etnikai, nemzetiségi, nemi különbségeknek, és egyre inkább a szexuális irányultság eltéréseinek is. Ez a szemléletmód arra nevel minket, hogy helyesnek és jónak érezzük, ha ezek a különféle identitások jelen vannak a közösségünkben. Az azonos színű arcokkal teli helyiséget helytelennek, sőt erkölcstelennek érezzük.

A második szemléletmód arra kér minket, hogy az egyformaságot ünnepeljük. A világ nagy részén nem elegyíthetjük a különböző etnikai csoportokat, vagy legalábbis nem illik megtennünk. Talán egy eldugott területen élünk, ahol csak egyetlen gazdasági réteghez vagy etnikumhoz tartozó emberek laknak — vagy olyan országban, amely a kasztrendszert gyakorolja, mely a születésük előtt elkülöníti az embereket, akiknek nincs lehetőségük változtatni a helyzetükön. Talán olyan politikai rendszer vesz körül minket, amely mindenben engedelmességet követel, a vallást is beleértve. Az egyformaságot tekintik a legfőbb értéknek. Helytelennek, sőt erkölcstelennek érzik, ha egy helyiségben az emberek eltérő politikai nézeteket vagy világnézetet vallanak.

Első látásra úgy tűnhet, hogy ez a két szemléletmód — a sokszínűség és az egyformaság — ellentétes irányba hat. Ám ezek az eltérések elhomályosítják a mögöttük levő hasonlóságokat. Mindkét szemléletmód a kizárás révén teremt közösséget. Az egyformaság szorgalmazása esetében ez nyilvánvalóbb. Ha nem a megfelelő párt jelvényét hordjuk, nem a megfelelő gyülekezetbe járunk, vagy nem a megfelelő kaszthoz tartozó emberekkel tartunk kapcsolatot, kizárnak minket a közösségből. Ám ugyanez történik a sokszínűség erőltetésekor is. Csak bizonyos jellegű sokszínűség megengedett. Tartozhatunk más etnikumhoz, de nem lehet más véleményünk a szexuális erkölcsről. Lehetünk büszkék arra, hogy más országból származunk, de nem támogathatjuk a nem megfelelő politikai pártot. Ünnepelhetnek minket a „társadalmi nemünkért", de azért nem, ha ragaszkodunk a nemek közti biológiai különbségekhez.

Minden látszat ellenére mindkét szemléletmód a kizárás révén teremt közösséget. Olyanok, mint a meghívásos alapon működő klubok, melyek exkluzív csoport létrehozása által alkotnak közösséget. Csak engedéllyel léphetünk be közéjük. Ugyanez a helyzet az olyan magánklubok vagy zárt közösségek esetében, amelyek a jövedelmi szint alapján szűrik ki a nemkívánatos embereket. Vagy az olyan tüntetések során, amelyek nem tűrik a belülről jövő tiltakozást. Vagy a tudományos programok esetében, melyek elfojtják a szabad vizsgálódást és az ideológiai egyet nem értést. Azért vagyunk bent, mert mások kint vannak.

Hogyan hívjuk fel a világ figyelmét?

A gyülekezeteink néha ezt az alapállást veszik fel – akár az egyformaságot díjazzák, akár a sokféleséget –, mert így ismertük meg a közösség fogalmát. Nem tudjuk, hogyan építsünk olyan gyülekezetet, ahol az emberek eltérően vélekedhetnek a politikáról, mert igyekszünk nem érintkezni senkivel, aki feszélyez minket. Nem tudjuk, hogyan építsünk vegyes etnikumú gyülekezetet, mert nem élünk vegyes etnikumú életet. Nem tudjuk, hogyan vonjunk be különféle gazdasági rétegekhez tartozó embereket, mert nem találhatók ilyenek a környékünkön. Nem tudjuk, hogyan adjunk elsőbbséget a Krisztusban való közös egységünknek, mert megszoktuk, hogy a fizikai különbözőségünkre figyelünk.

Amikor egy gyülekezet a világ e mintáit követi, akkor láthatatlan marad a világ számára. Miért? Mert a tagok nem szorulnak a gyülekezetre az efféle közösség tekintetében. Ha közös ideológiai lelkesedésre vágyunk, csatlakozhatunk egy tüntetéshez vagy politikai párthoz. Ha olyan barátokra van szükségünk, akikkel eltölthetjük az időt, csatlakozhatunk egy sportcsapathoz vagy valamilyen játékot űző közösséghez. Ha panaszkodni akarunk az időjárás meg a bajaink és jajaink miatt, összejárhatunk a közeli kávéházban találkozó idősekkel. A világnak szemet szúró gyülekezet olyan embereket hoz össze, akik általában nem érintkeznek egymással – a vámszedőket és a zélótákat, a bűnösöket és a farizeusokat. Ez tette annyira szokatlanná a korai gyülekezetet, hogy egyesek azt mondták róla, hogy felforgatja a világot (Csel 17,6).

Az ókori világban a vallás kötődött egyéb identitásokhoz, különösen az emberek politikai állásfoglalásához, etnikumához vagy származásához. Amikor hadat indítottak, más helyi istenekben hívő és más urakat szolgáló emberek ellen harcoltak. A rómaiak az egész ismert világon meghódították az efféle kisebb csoportokat. A zsidókat furcsának tartották, amiért sok isten helyett egyetlen Istenhez ragaszkodtak. De csak akkor vetettek véget ezen Isten templomi istentiszteletének, amikor a zsidók fellázadtak Róma politikai hatalma ellen.

A keresztyének mások voltak. Ők ugyanezt az Istent imádták. De egy Jézus nevű embert is imádtak, aki Istennek mondta magát. Különös módon a keresztyének azt hangoztatták, hogy Ő nem egy helyi tanító vagy forradalmár, hanem a világegyetem Ura. S bár Jézus alávetette magát a helyi hatóságoknak, egyúttal kijelentette, hogy csak annyi hatalmuk van, amennyit adott nekik. Soha senki nem látott vagy hallott ehhez foghatót. A keresztyénség tehát páratlanul vonzó volt a Római Birodalom lakóinak, mert Jézus összehozta azokat az embereket, akik rendszerint nem érintkeztek – a rabszolgákat és a szabad embereket, a szegényeket és a gazdagokat, a zsidókat és a pogányokat. Ez az egyesült sokféleség páratlanul ijesztővé is tette a keresztyénséget a római politikai hatalmak számára, akik jól látták, hogy a tekintélyüket aláaknázzák egy különb ország értékei.

Ezt a fajta közösséget kell újra megtapasztalnunk a gyülekezetben – melynek eltérő tagjait egyedül Krisztus egyesíti. Ezt a fajta közösséget veszi észre a világ. Ez a fajta közösség veszélyezteti a világ status quóját. Ez a közösség a közös szeretetre és a Jézus Krisztusba vetett hitre épül. Amint Pál apostol buzdította az efezusiakat:

> „Éljetek méltón ahhoz az elhívatáshoz, amellyel elhívattatok, teljes alázatossággal, szelídséggel és türelemmel; viseljétek el egymást szeretettel, igyekezzetek megtartani a Szellem egységét a békesség kötelékével. Egy a Test, és egy a Szellem, aminthogy egy reménységre kaptatok elhívást is: egy az Úr, egy a hit, egy a keresztség, egy az Istene és Atyja mindeneknek; Ő van mindenek felett, és mindenek által, és mindenekben." (Ef 4,1-6)

Ezt a fajta egységet semmilyen világjárvány, választás vagy interneten terjedő videó nem veszélyeztetheti. Amikor vita támad, ez a gyülekezeti közösség szorosabbra vonja a szeretet, együttérzés és bizalom szálait. A tagjai „igyekeznek megtartani a Szellem egységét a békesség kötelékével".

Ellenállás a megosztottsággal szemben

Ugyanakkor ez a közösség ellen tud állni a világi megosztottságnak, mert a tagjai becsülik és tisztelik a köztük levő különbségeket. Pál apostol fáradságot nem kímélve intette a korintusi gyülekezetet, amelynek nehezére esett megtalálni az egységet a különbözőség közepette. A gyülekezetben levő megosztottság ihlette az apostol szeretetről szóló híres tanítását: a szeretet „mindent elfedez, mindent hisz, mindent remél, mindent eltűr" (1Kor 13,7).

Ugyancsak a megosztottságuk váltotta ki a Krisztus Testéről szóló legvilágosabb tanítását. Ezzel a metaforával szemléltette, hogy a gyülekezet minden tagjának együtt kell működnie. A testben a láb nem nézi le a kezet. A fül nem féltékeny a szemre, mert a hallásra éppúgy szükségünk van, mint a látásra. Mindenki meg tudja érteni, mennyi fájdalmat és kellemetlenséget okozhat egy olyan testrész, amelyre nem sokat gondoltunk. Ezért mondta Pál, hogy sosem vehetjük természetesnek az úgynevezett jelentéktelenebb testrészeket. „Isten szerkesztette így a Testet egybe: az alacsonyabb rendűnek nagyobb tisztességet adva, hogy ne legyen meghasonlás a Testben, hanem kölcsönösen gondoskodjanak egymásról a tagok. És így ha szenved az egyik tag, vele együtt szenved valamennyi, ha dicsőségben részesül az egyik tag, vele együtt örül valamennyi." (1Kor 12,24-26)

Tartósabb gyülekezet

Krisztus Teste különböző emberek közössége. Nem vagyunk egyformák, és szükségünk van egymásra. Eltérőek az ajándékaink, és ezt Isten tervezte így a javunkra. Egyformán valljuk a Jézus Krisztusba vetett hitünket, de eltérő tapasztalatokban van részünk. Így alkotta meg Isten a gyülekezeteit, melyeket újra föl kell fedeznünk. Ez a modell nem a legnagyobb gyülekezet leggyorsabb felépítését kínálja, de ez az egészséges gyülekezet felépítésének legtartósabb módja.

Ha gyorsan akarjuk naggyá tenni a gyülekezetet, akkor a lelkipásztor egyedi személyiségére és tanítására összpontosítjuk figyelmünket a különféle ajándékok helyett, melyekkel Isten a Test minden tagját ellátta. Emellett olyan zenét választunk, amely vonzza az általunk preferált korú, osztályú és etnikumú embereket (például a fehér huszonéves értelmiségieket, akiknek sok a pénzük és az idejük, és nagy szükségük van a közösségre).

Nem mintha az ilyen gyülekezetek helytelenek vagy bűnösek lennének. Sőt, a világtörténelem során sok – ha nem a legtöbb – gyülekezet azonos fajtájú és érdeklődésű embereket vonzott. Egyes esetekben – például a világ sok helyén meglévő etnikai kisebbségek esetében – különálló gyülekezeteket hoztak létre, mert a rasszizmus vagy egyszerűen a nyelvi korlátok miatt kizárták őket a bevett közösségekből. Úgy tűnik, Isten a sokféle gyülekezetet együtt használja fel arra, hogy ugyanahhoz a közösséghez eljuttassa a Jézusról szóló jó hírt.

Azonban Jézus tanítványainak és a Pál vezette korai gyülekezeteknek a példája arra utal, hogy ma újra föl kell fedeznünk valamit. A politika és a világjárvány sok gyülekezet felbomlását okozta. Könnyebbnek tűnhet olyan gyülekezetet keresni, ahol mindenki ugyanúgy gondolkodik, szavaz és vétkezik, mint mi. Ám a növekedésünket jobban segíti, ha különböző emberek közösségénél cövekelünk le.

Becsüljük meg azokat, akik a miénktől eltérő képességekkel rendelkeznek.

Reméljünk mindent szeretetben.

Tartsuk meg a Szellem egységét a békesség kötelékével.

Tiszteljük a mellettünk ülő zélótát és vámszedőt.

Olyan gyülekezetet szeretnénk, amely felkelti e világ figyelmét? Keressünk olyan gyülekezetet, amely az eljövendő világra hasonlít.

Ajánlott olvasmányok

Dever, Mark és Dunlop, Jamie. *The Compelling Community: Where God's Power Makes a Church Attractive* (A lenyűgöző közösség – Ahol Isten hatalma vonzóvá teszi a gyülekezetet). Wheaton, IL: Crossway, 2015.

Ince, Irwyn L., Jr. *The Beautiful Community: Unity, Diversity, and the Church at Its Best* (A gyönyörű közösség – Egység, sokféleség és a gyülekezet a legjobb formájában). Downers Grove, IL: InterVarsity Press, 2020.

A gyülekezet olyan keresztyének
csoportja,

↓

akik Krisztus mennyei országának földi
követségeként jönnek össze,

↓

hogy hirdessék Krisztus, a Király jó hírét
és parancsait,

↓

az Ő alattvalóiként a rendelések által
erősítsék egymást,

↓

s maga Isten szentségét és szeretetét
tükrözzék,

↓

egységet alkotó, ugyanakkor sokszínű
népként

↓

az egész világon,

↓

az elöljárók tanítását és példáját
követve.

8.
Hogyan szeressük a kívülállókat?

Collin Hansen

MIRE VALÓ A GYÜLEKEZET? Minek kellene történnie a gyülekezet összes ifjúsági programján, istentiszteletén, bibliaóráján és kis csoportjában? Hogyan kellene éreznünk magunkat, és mit kellene tennünk egy gyülekezet részeként?

Talán nyilvánvalónak találjuk a fenti kérdésekre adandó válaszokat. Ám a történelem folyamán a gyülekezetek legalább négyféle választ adtak rájuk. Ezt a négy lehetőséget összehasonlíthatjuk azzal, amit Isten Igéjében találunk arra vonatkozóan, hogy mit kell tennie a gyülekezetnek a falain kívüli és az azokon belüli emberekkel. Ezek a válaszok részben átfedik egymást; nem feltétlenül zárják ki egymást kölcsönösen. Azonban a gyülekezetek általában csak egyet hangsúlyoznak a tagok és kívülállók kapcsolatának alábbi összetevői közül.

Először is, egyesek szerint a gyülekezet célja az evangelizáció. A gyülekezet igyekszik vasárnap délelőtt egy épületbe vonzani az embereket, hogy hallják a Jézusról szóló jó hírt, és megtérjenek. Az igehirdetés és a tanítás az alapokra koncentrál: a bűnünk problémájára, Jézus áldozatára és a hit szükségességére. Az istentiszteletek általában megszokott témájú sorozatokról szólnak: kapcsolatok, gyermeknevelés, anyagiak, tömegkultúra, valamint a kívülállókat vonzó további témák. A tanító igyekszik összekapcsolni ezeket az élethelyzeteket azzal, hogy szükségünk van Jézusra.

Másodszor, egyesek szerint a gyülekezet célját a jó cselekedetek jelentik. A gyülekezet igyekszik mozgósítani a tagjait, hogy kézzelfogható módon segítsenek a kívülállóknak. Ezek a gyülekezetek ingyenkonyhákat működtetnek és használt ruhákat árulnak. Börtönből szabadult embereknek segítenek munkába állni, és angolt tanítanak bevándorlóknak és menekülteknek. Az igehirdetés és a tanítás Jézus jó cselekedeteit hangsúlyozza, valamint azt a parancsát, hogy szeressük felebarátunkat, mint magunkat. A vezetők biztatják a tagokat, hogy erőfeszítéseikkel és szavazataikkal szorgalmazzák a kevésbé szerencsés kívülállókat segítő változásokat. Az istentiszteleten munkanapokat hirdetnek, melyekre önkénteseket várnak. Szeretik az olyan kívülállókról szóló beszámolókat, akiknek az életét a tagok segítették.

Harmadszor, egyesek szerint a gyülekezet célja a gyógyítás. A gyülekezet igyekszik megmutatni a kívülállóknak, hogy jobb lesz az életük, ha belépnek a gyülekezetbe. Az igehirdetés és tanítás Jézus csodáit és a Szellem erejét hangsúlyozza, valamint azt, hogy Ő ma nekünk adja ugyanezeket az eszközöket annak érdekében, hogy az emberek kigyógyuljanak fizikai, szellemi, anyagi és mentális szenvedésükből. A prédikációk azt hangoztatják, hogy a gyülekezet tagjai Isten segítségével bármilyen kihívást legyőzhetnek. Az istentiszteleteken felemelő zene szól, s mozdulataikkal reagálnak a Szellem ösztönzésére. Egyes istentiszteletek szinte kizárólag az azonnali gyógyulásért való imádkozásra összpontosíthatják a figyelmet.

Negyedszer, egyesek szerint a gyülekezet a kegyelem közvetítéséről szól. A gyülekezet célja, hogy a bennfentesek megkapják azt a megbocsátást, amit az egyházon kívül nem kaphatnak meg. Az igehirdetés és a tanítás középpontjában a gyülekezet emberek és Isten közötti közvetítő szerepe áll. Az istentiszteletek tetőpontján a tagok kenyér és bor formájában megkapják a vezetőtől Krisztus testét és vérét. Aki egy ilyen gyülekezetben kívülálló, az lehet egy másik gyülekezet tagja, de sok hasonlóságot fog találni, bármelyik istentiszteleten vesz is részt egy ilyen jellegű gyülekezetben.

Talán a fenti leírások egyikében a jelenlegi gyülekezetünkre ismerünk. Lehet, hogy két-három általunk ismert gyülekezetet is el tudunk helyezni köztük. De az sincs kizárva, hogy annyira újak vagyunk a gyülekezeti életben, hogy mindegyiket egyformán ismeretlennek találjuk. Megeshet, hogy kívülállóként elmegyünk az egyik gyülekezetbe, és úgy érezzük, mintha mindent pont nekünk találtak volna ki. Egy másik gyülekezetben pedig lehet, hogy észre sem vesznek minket. Ebben a fejezetben tehát segíteni szeretnénk az olvasónak újra fölfedezni a gyülekezetet annak vizsgálata révén, amit a Biblia tanít a gyülekezet céljáról, valamint a tagok és a kívülállók kapcsolatáról.

A nagy misszióparancs

Először is figyeljük meg, mit mondott utoljára Jézus, mielőtt feltámadását követően fölment a mennybe:

> „Nekem adatott minden hatalom mennyen és földön. Menjetek el tehát, tegyetek tanítvánnyá minden népet, megkeresztelve őket az Atyának, a Fiúnak és a Szent Szellemnek nevében, tanítva őket, hogy megtartsák mindazt, amit én parancsoltam nektek; és íme, én veletek vagyok minden napon a világ végezetéig." (Mt 28,18-20)

Jézus magyarázó megjegyzések közé foglalta ezt a búcsúzóul átadott üzenetet. Minden hatalom az Övé, ezért a parancsa kötelező érvényű. A tanítványoknak nem áll hatalmukban azt tenni, amit akarnak. Jézus korábban megígérte, hogy felépíti Gyülekezetét. Egyedül neki van kellő hatalma ehhez. Jézus azt is megígérte, hogy bármi éri is a tanítványait, Ő velük lesz. De nem csak az életük végéig. Ez az ígéret és parancs minden későbbi tanítványra vonatkozik, a világ végezetéig.

Mivel Jézus a mennybemenetele előtt mondta el ezeket, a kötelezettségvállalása bizonyára megnyugtatta a tanítványait, akik aligha sejthették, mi vár rájuk a távozása után.

Jézus a legbennfentesebb embereknek adta át ezt a búcsúüzenetet – azoknak a férfiaknak, akik évekig vele jártak és beszélgettek. Ám figyelemre méltó, hogy itt semmit nem mondott róluk mint bennfentesekről. Csak azt hagyta meg, mit kell tenniük a kívülállók érdekében. Ahogy Ő a tanítványaivá tette őket, úgy nekik is el kell menniük, tanítvánnyá téve másokat. Azonban a működési kör drámaian megváltozott. A horizontjuk kitágult, messze túllépve Galilea vidéki tájain és Jeruzsálem városán. Jézus „minden néphez" küldte őket.

Érdekes visszatekinteni arra, hogyan engedelmeskedtek és hogyan tettek tanítványokká embereket mindenfelé, Indiától Afrikán át Európáig.

Mit kellett hát tenniük ezeknek a beavatott embereknek azért, hogy a kívülállókat Jézus tanítványaivá tegyék? Először is kereszteltek. A mai gyülekezetek eltérően vélekednek arról, hogy a keresztség nem sokkal a születés után vagy nem sokkal a Jézus Krisztusba vetett hit megvallása után következik-e. E rövid könyvben nem dönthetjük el ezt a vitát. Abban viszont mindenki egyetért, hogy a tanítványok Jézus parancsára minden újonnan megtért hívőt megkereszteltek az Atya, a Fiú és a Szent Szellem nevében. Vagyis a kívülállókat megtanították a Szentháromság, a három személyű egy Isten ismeretére. Mivel a zsidók egyetlen Istenben hittek, a rómaiak pedig sok istenben, ez a tan türelmes, gondos, hosszas tanítást igényelt. Nem lehetett magától értetődő a kívülállók számára, bárhová mentek is a tanítványok.

Jézus utolsó parancsa szinte minden elképzelhető dolgot felölel: „tanítva őket, hogy megtartsák mindazt, amit én parancsoltam nektek". A Bibliában négy könyv tele van Jézus tanításával. A tanítványok is több évet töltöttek Vele. Ezt a parancsot nem teljesíthették úgy, hogy csak a keresztről és az üres sírról beszéltek, majd sürgették a hit melletti döntést. A megtérés valóban beavatottá teszi a kívülállókat. De az új beavatottaknak ekkor meg kell tanulniuk „megtartani" Jézus tanítását. És ahogy Jézus példát mutatott a tanítványoknak, úgy a tanítványoknak is tanítaniuk kellett az újonnan megtért hívőket, hogy kövessék őket és a tanításukat, amint ők követik Jézus parancsait. Az úgynevezett nagy misszióparancs ezen összetevőjének teljesítése is időt és türelmet igényelhetett. Az ilyesmi aligha valósítható meg csupán videohívások révén, nem is beszélve az egyirányú podcastokról. Az ilyesféle tanítás személyes kapcsolatok és párbeszéd révén – a gyülekezetben – valósítható meg a legjobban.

A mai gyülekezet

Mire következtethetünk hát a nagy misszióparancsból a gyülekezetet illetően? Hogyan viszonyulnak egymáshoz a beavatottak és a kívülállók? Látjuk, hogy Jézus arra kérte az első gyülekezeti vezetőket, a legbennfentesebb embereket, hogy vállalják fel a kívülállók megtérítésének feladatát, mellyel

beavatottá válhattak a friss keresztyének. Ez a folyamat kezdődhet a saját
otthonaikban, a gyermekeikkel és rokonaikkal, de végül a világ más részein
élő idegenekre is kiterjed. A gyülekezet sosem tévesztheti szem elől ezt az
evangelizációs elhívást. Bármi mást tesz is a gyülekezet, tanításával és pél-
dájával bemutatja, hogyan válik az ember Jézus tanítványává.

Azután látjuk, hogy a gyülekezetnek mély és tartós kapcsolatokat kell
teremtenie. Lehetetlen olyan embereket megtanítani Jézus összes parancsá-
ra, akiket alig ismerünk és akikkel alig találkozunk. A korábbi századokhoz
képest még nehezebb és tovább tart átadni az embereknek mindazt, amit
Jézus parancsolt, mert — legalábbis Nyugaton — visszatértünk az olyasfajta
vallási zűrzavarhoz, amelyhez hasonlóval a tanítványok találkozhattak. A
keresztyénség történelme során — akár az európai államegyházra gondo-
lunk, akár a könnyű hit vagy olcsó kegyelem amerikai változatára — a kí-
vülállók tudták, hogyan kell bennfentes módjára viselkedni, ha valójában
nem is hittek Jézusban. Ismerték a megfelelő nyelvezetet. Megtartották az
ünnepeket. Névleges keresztyénségnek nevezzük ezt. Ám a névleges hit el-
tűnőben van, kivéve a Nyugat egyre kisebb zugait.

Gyakran beszélgetek olyan lelkipásztorokkal, akik fiatalokkal dolgoz-
nak. Legalábbis az utóbbi öt évben ugyanazt hallom: ma kétszer annyi
időbe telik ugyanannyi haladást elérni a tanítványság terén, mint egy évti-
zede. Egyre kevesebb kívülálló tud valamit Jézusról az ítéletre és szeretetre
vonatkozó általános utalásokon kívül. Amikor beavatottá válnak, alig értik,
mit jelent Jézust követni — kicsoda Ő, mit tett, mit parancsolt. Az újra
fölfedezett gyülekezet nem engedheti meg magának, hogy ugyanazokat
az alapvető önsegítő mantrákat ismételgesse mindenféle teológiai mélység
megteremtése nélkül. Az ilyen felszínes hit nem segít az új hívőknek en-
gedelmeskedni Jézusnak, mivel Ő azt mondta, hogy számítsunk rá: a világ
gyűlölni fogja a követőit (Mt 5,11; 10,22; Mk 13,13; Lk 21,17; Jn 5,18).

Hasonló figyelmeztetés vonatkozik azokra a gyülekezetekre, amelyek a
gyógyításra vagy a kegyelem közvetítésére összpontosítják figyelmüket. Az
imádságnak csakugyan jellemeznie kell minden hűséges gyülekezetet. És a
Szellemnek van hatalma gyógyítani — beavatottakat és kívülállókat egya-
ránt. Azonban a Szellem szerepe az, hogy segítsen emlékeznünk arra, amit

Jézus tanított és tett (Jn 14,26). A földi életben bekövetkező bármilyen fizikai gyógyulás vagy anyagi segítség jó, de nem a legjobb. A hitelfelvétel miatti adósságunkat elengedhetik a földön. De ha Isten Jézus vére által meg nem bocsátja a bűneinket, akkor a bűnünk adóssága megmarad, Isten örök büntetésével együtt. Óvakodnunk kell attól, hogy az emberekben azt a benyomást keltsük, mintha a gyülekezethez való csatlakozás kézzelfogható anyagi vagy fizikai előnyökkel járna itt és most. Máskülönben Jézus egy világi és földi cél eszközévé válik.

Ami a kegyelem közvetítését illeti, a gyülekezetben borotvaélen táncolunk. Ez a könyv Krisztus Testének nélkülözhetetlenségéről szól. Isten felhatalmazta a gyülekezeti vezetőket, hogy az Ő nevében kiszolgáltassák a keresztség és az úrvacsora szentségeit. Ők őrzik a kegyelemnek ezeket az eszközeit, amelyek csak a beavatottakat illetik. Nem nevezhetjük gyülekezetnek azt, amikor megmártózunk az udvaron lévő medencében, és egy kis kólával leöblítünk egy falat kenyeret.

Ugyanakkor egyetlen halandó sem határozhatja meg szellemi sorsunkat, akár kívül vagyunk, akár belül. Pál apostol elmondta az általa pártfogolt Timóteusnak, az efezusi lelkipásztornak: „Mert egy az Isten, egy a közbenjáró is Isten és emberek között, az ember Krisztus Jézus, aki váltságul adta önmagát mindenkiért tanúbizonyságként a maga idejében" (1Tim 2,5-6). Isten kegyelmet ad mindazoknak, akik hit által kérik. Nem a gyülekezet raktározza, és nem a vezetők parancsára osztogatják. Az újjászületéshez nincs szükségünk a gyülekezetre, de a gyülekezet segítségére szorulunk, amikor a fiatal hit ingatag lábain járni tanulunk.

Mi a helyzet Jézus összes többi parancsával?

Ebben a fejezetben eddig arról beszéltünk, hogy a gyülekezet segít a kívülállóknak a megtérés révén beavatottá válni. Amikor ezek a kívülállók a gyülekezet részévé válnak, a beavatottak türelmesen és szorgalmasan tanítják őket mindannak megtartására, amit Jézus parancsolt. A gyülekezet újrafölfedezése során kiderül, hogy nem mindenki tudja mindkettőt kiválóan művelni. Néha sokat hallunk az evangéliumról, nevezetesen a keresztről és a feltámadásról, de jóval kevesebbet hallunk az evangéliumokból, abból a négy könyvből, amelyek Jézus első tanítványainak beszámolóin alapulnak. Ezek a könyvek a kereszttel és a feltámadással jutnak el a tetőpontra, miután fejezetek tucatjain át mutatták be Jézus tanítását. Az evangélium és az evangéliumok közti kapcsolat megértése rendkívül fontos szerepet játszik annak újrafölfedezésében, hogy a gyülekezet elkötelezze magát mind az evangelizáció, mind a jó cselekedetekre odaszánt életű tagok mellett – hogy az Úr félelmében neveljük gyermekeinket, naponta úgy járjunk dolgozni, mintha Krisztusnak tennénk, jót tegyünk nem keresztyén felebarátainkkal, a könyörület és igazságosság cselekedeteire törekedjünk, alkalomadtán részt vegyünk a közéletben stb.

Az evangéliumok felépítéséből is láthatjuk, hogy Jézus úgy értelmezte küldetését, hogy engesztelő áldozatul föl kell áldoznia magát a bűnért. Tanítványainak elmondta: „Mert az Emberfia sem azért jött, hogy neki szolgáljanak, hanem hogy Ő szolgáljon, és életét adja váltságul sokakért" (Mk 10,45; lásd még Mt 20,28). Máté evangéliumának fordulópontja az a pillanat, amikor Péter megvallotta, hogy Jézus a Krisztus, Izráel régóta várt Messiása (Mt 16,16). Jézus ettől kezdve próbálta elmagyarázni tanítványainak, hogy Jeruzsálembe kell mennie, ahol a zsidó vezetők miatt szenvedés vár rá, meghal a kereszten, és harmadnapon feltámad a halálból (21. v.). Amikor megértjük Jézusnak ezt a küldetését, akkor világossá válik, hogy a gyülekezet küldetése továbbadni ezt a Jézus tettéről szóló evangéliumot.

De ha Jézus csupán ezért jött volna, akkor nem lenne szükség az evangéliumok többi fejezetére. Nem lenne szükségünk a Máté 5–7-ben található hegyi beszédre. Jézusnak nem kellene elmagyaráznia nekünk, hogyan viszonyuljanak egymáshoz a beavatottak, hogyan viszonyuljanak a kívülállókhoz, és hogyan segítsék elő a jó és igazságos társadalom kialakulását. Jézus azt mondja ebben a beszédben: „Ti vagytok a világ világossága. Nem rejthető el a hegyen épült város... Úgy ragyogjon a ti világosságotok az emberek előtt, hogy lássák jó cselekedeteiteket, és dicsőítsék a ti mennyei Atyátokat" (Mt 5,14.16).

Ez a szakasz az evangelizáció és a jó cselekedetek, a beavatottak és kívülállók összeegyeztetésének kulcsa. Részt vettünk-e már karácsonyesti gyertyás istentiszteleten? Ha nem, akkor is könnyen megérthetjük a gondolatot. A „Csendes éjt" vagy egy másik karácsonyi éneket énekelve mindenki meggyújtja a saját gyertyáját, majd továbbadja a lángot a mellette levő embernek. Az ének elején még sötét terem a végére fényárban és melegben úszik. Egyetlen égő gyertya fényesen világít a sötétben. Az égő gyertyák tucatjai elűzik a sötétséget.

Ez történik akkor, ha a gyülekezet együtt engedelmeskedik Jézus parancsainak. Ő meghagyta, hogy hagyjuk el a haragot. Utasítsuk el a bűnös kívánságot. Szeressük ellenségeinket. Adjunk a rászorulóknak. Semmiért se aggódjunk. Amikor a beavatott keresztyének így bánnak egymással és a kívülállókkal, a világ látja jó cselekedeteiket, mint a hegyen épült várost, melyet megvilágítanak a pislákoló karácsonyi fények. Úgy ragyog a világosságuk, hogy a kívülállók be akarnak jönni, hogy dicsőítsék a mennyei Atyát.

Tény, hogy itt rendkívül fontos a sorrend. A keresztyéneket és a gyülekezeteket igen gyakran annyira leköti a kultúra helyrehozása vagy a város átformálása, hogy elmulasztják saját házuk rendbetételét. Amint e könyvben lépten-nyomon igyekeztünk rámutatni, a gyülekezeteknek először arra kell törekedniük, hogy maguk váljanak helyrehozott kultúrává és átformált várossá. Csak ezután áradhat ki hitelesen a szeretetük, a jótetteik és az igazságosságra törekvésük folyama. Amikor ez bekövetkezik, e világ ostromlott városainak lakói és kudarcba fulladt forradalmainak örökösei menedéket kereshetnek a követségünkön.

Jót tenni mindenkivel

Tehát a gyülekezet a beavatottakért van vagy a kívülállókért? Mindkettőért, egymást kiegészítő módon. Pál apostol azt tanította: „Ezért tehát, míg időnk van, tegyünk jót mindenkivel, leginkább pedig azokkal, akik testvéreink a hitben" (Gal 6,10). Minden kívülállót örömmel látunk a gyülekezetben, és felhívjuk, hogy hit által váljon bennfentessé.

A gyülekezetben a keresztyének megtanulják azt tenni, amit Jézus parancsolt, azt is beleértve, hogyan tiszteljék Istent és szeressék a kívülállókat a családjukban, a munkahelyükön és a lakóhelyükön. Amikor a beavatottak együttesen jót tesznek egymással, a szent reménység fáklyájaként ragyognak az éjszaka sötétjének csapdájába esett világban. Adolphe-Charles Adam jól kifejezi ezt az „O Holy Night" (Ó, szent éj) kezdetű karácsonyi énekének szövegében:

> Ő tanított minket egymást jól szeretni;
> Törvénye szeretet, jó híre békesség.
> A szolga: testvérünk – láncokat letörni!
> S nevében megszűnik minden kegyetlenség.

Ajánlott olvasmányok

Keller, Timothy. *Generous Justice: How God's Grace Makes Us Just* (Nagylelkű igazságosság – Hogyan tesz minket igazságossá Isten kegyelme). New York: Viking, 2010.

Stiles, Mack. *Evangelism: How the Whole Church Speaks of Jesus* (Evangelizáció – Hogyan beszél Jézusról az egész gyülekezet). Wheaton, IL: Crossway, 2014.

A gyülekezet olyan keresztyének
csoportja,
↓
akik Krisztus mennyei országának földi
követségeként jönnek össze,
↓
hogy hirdessék Krisztus, a Király jó hírét
és parancsait,
↓
az Ő alattvalóiként a rendelések által
erősítsék egymást,
↓
s maga Isten szentségét és szeretetét
tükrözzék,
↓
egységet alkotó, ugyanakkor sokszínű
népként
↓
az egész világon,
↓
**az elöljárók tanítását és példáját
követve.**

9.
Ki vezet?

Jonathan Leeman

MINDENKI TUDJA, KI A LELKIPÁSZTOR, igaz? Még a nem keresztyéneknek is van róla némi fogalmuk. Ha máshol nem is, legalább a tévében láttak néhányat. A lelkipásztorok gyülekezetet vezetnek. A gyülekezet előtt állnak az istentiszteleteken. Egy darabig beszélnek. Esetleg az istentisztelet után megállnak hátul a kijáratnál, és kezet fognak az ajtón távozó emberekkel. A hét folyamán másfajta jó dolgokat csinálnak. Vagy ilyesmi.

Talán pontosabb lenne azt mondani, hogy a legtöbb embernek van egy homályos benyomása arról, hogy ki is az a lelkipásztor. Ezt a benyomást a tapasztalat alakította ki bennük, melyet tévénézés során vagy gyermekkorukban szereztek, amikor néha elmentek a gyülekezetbe, és megfigyelték annak lelkipásztorát.

Ha tehát elkezdjük egyeztetni az elképzeléseinket, kiderül, hogy eltérő benyomásaink vannak. Egyesek jóképű és karizmatikus showmanre gondolnak, aki komikushoz illő időzítésével el tud bűvölni egy ötezres hallgatóságot. Mások egy jóságos idősebb férfira gondolnak, akinek prédikációi kissé összefüggéstelenek és nehezen követhetőek, mert a hét nagy részét kórházlátogatással vagy rászorulók segítésével töltötte. Néhányan összeráncolt homlokú, szigorú előadót látnak lelki szemeikkel, amint a szószék mögött a Bibliájával hadonászik, és hétről hétre sajátos véleményt mond mindenről. Ismét másoknak az a sérülés vagy akár abúzus jut eszükbe, amelyet attól az embertől szenvedtek el, akit a gyülekezet nagyra becsült és „a lelkipásztor" címmel tüntetett ki.

Jézus tanítványképző programja

E könyv célja a gyülekezet újrafölfedezése; ezért fordítottuk a legtöbb időt a gyülekezetre – vagyis az összes tagra, tehát *az olvasóra*. Azonban minden gyülekezetben döntő szerepet játszanak a vezetők, akikre felváltva utalunk a *lelkipásztorok* és az *elöljárók/vének* szavakkal, mert a Biblia is ezt teszi (lásd Csel 20,17.28; Tit 1,5.7; 1Pt 5,1-2).[5] Az, hogy gyülekezeti tagként menynyire tudjuk ellátni a feladatunkat, attól függ, hogy a lelkipásztorok vagy az elöljárók hogyan látják el a feladatukat. Amint az 5. fejezetben láttuk, az a feladatunk, hogy papok és királyok legyünk. Jézus megbízott minket azzal, hogy felügyeljük az evangéliummal kapcsolatos *mi* és *ki* kérdéseket, és világszerte kiterjesszük az evangélium fennhatóságát azáltal, hogy tanítvánnyá teszünk másokat. De mi a lelkipásztor feladata?

A világjárvány utáni világban rendkívül fontos tudnunk a választ erre a kérdésre a Covidnak köszönhető korlátozások hatása miatt, melyek a bizalom rovására mentek a gyülekezetekben – a tagok közötti és a vezetők iránti bizalom tekintetében. Rögtön kitérünk erre, de a bizalom újraépítéséhez hozzátartozik a lelkipásztor feladatának pontos ismerete. A lelkipásztor feladatának vagy munkakörének rövid leírása a következő: felkészít minket a feladatunk ellátására.

Az Efezus 4,11-16-ban látjuk ezt. Pál apostol elmondja, hogy Jézus számos ajándékot adott a gyülekezetének, köztük a pásztorokat (11. v.). Azután megmondja, miért adta Jézus ezt az ajándékot a gyülekezeteknek: „hogy felkészítse a szenteket a szolgálat végzésére, a Krisztus Testének építésére" (12. v.). A (lelki)pásztor feladata felkészíteni a szenteket a feladatuk végzésére. Ők tanítanak minket egymás szolgálatára, ezért:

„…az igazsághoz ragaszkodva növekedjünk fel szeretetben mindenestől Őhozzá, aki a fej, a Krisztus. Az egész Test pedig az Ő hatására egybeilleszkedve és összefogva, a különféle kapcsolatok segítségével, és minden egyes rész saját adottságának megfelelően működve gondoskodik önmaga növekedéséről, hogy épüljön szeretetben." (15–16. v.)

---

5 Lásd még Csel 11,30; 14,23 – a ford.

A test mindegyik részének feladata van. Mindnyájan részt veszünk a Test szeretetben történő felépítésében. És a lelkipásztorok tanítanak és képeznek minket e feladat ellátására. A heti egyszeri gyülekezeti összejövetel tehát a gyakorlati kiképzés ideje. Lehetővé teszi, hogy a pásztori tisztséget betöltők felkészítsék a tagi tisztséget betöltőket az evangélium ismeretére, megélésére, a gyülekezet evangéliumi bizonyságtételének megőrzésére, valamint az evangélium hatókörének mások életében és a kívülállók közötti kiterjesztésére. Ha Jézus azzal bízza meg a tagokat, hogy megerősítsék és építsék egymást az evangéliumban, akkor a lelkipásztorokat azzal bízza meg, hogy a tagokat kiképezzék erre. Ha a lelkipásztorok nem látják el jól a feladatukat, akkor a tagok sem fogják.

Az elöljárók feladata + a tagok feladata = Jézus tanítványképző programja

Ha a lelkipásztor feladatát és a tagok feladatát összegezzük, mi az eredmény? Jézus tanítványképző programja. Ezt a programot nem vásárolhatjuk meg keresztyén könyvesboltban, dobozba csomagolva, tanári kézikönyvvel, munkafüzettel és az oktatást segítő poszterekkel, melyeket a gyülekezetben a falra akaszthatunk. Az Efezus 4-ben található meg.

Felkészítés a tanítás révén

A lelkipásztor vagy az elöljáró felkészítő szolgálatának középpontjában a tanítása és élete áll. Pál Timóteusnak adott útmutatásában találkozunk a formulával: „Legyen gondod önmagadra és a tanításra, maradj meg ezek mellett, mert ha így cselekszel, megmented magadat is, hallgatóidat is" (1Tim 4,16).

Vegyük sorra mindezt. Az elöljárókat a tagoktól megkülönböztető egyik legfontosabb dolog az, hogy „tanításra alkalmasnak" kell lenniük (1Tim 3,2). Ez nem azt jelenti, hogy egy elöljáró képes fölmenni a szószékre, odaállni ezer ember elé, s bölcsességével és szellemességével elbűvölni őket, hanem azt, hogy ha nehezünkre esik megérteni a Bibliát vagy kezelni egy nehéz élethelyzetet, akkor megállhatunk a házánál, segítséget kérhetünk tőle, és biblikus választ fogunk kapni. Megbízunk abban, hogy amikor kinyitja a Bibliát, nem mond őrültségeket az Ige alapján, hanem annak hű értelmezését adja át. Azt tanítja, „ami egyezik az egészséges tanítással" (Tit 2,1).

Egyik vasárnap délután olvassuk végig Pál két lelkipásztornak – Timóteusnak és Titusznak írt három levelét, és húzzunk alá minden tanításra vonatkozó utalást. Elfáradhat a kezünk. Hogy csak egyet kiemeljünk: Pál a Timóteushoz írt második levelében azt mondja, hogy Timóteusnak ragaszkodnia kell az egészséges beszéd példájához, melyet Páltól hallott (2Tim 1,13). Amit Páltól hallott, azt át kell adnia hűséges embereknek, akik mások tanítására is alkalmasak lesznek (2,2). Szorgalmasan igyekeznie kell helyesen tanítani az igazság igéjét (15. v.). Kerülnie kell az igazságtól eltérő üres beszédet (16., 18. v.). És kizárólag Isten akarata szerint kell tanítania és oktatnia, tudva, hogy a megtérés az igazság megismeréséhez vezet (24–25. v.). Pál végezetül megparancsolja Timóteusnak, hogy kitartóan hirdesse az Igét, nagy türelemmel feddve, intve és biztatva (4,2).

A Pál által Timóteusnak és Titusznak átadott kép lassú, türelmes, napról napra ismétlődő munkáról szól, melynek célja az emberek istenfélelemben való növekedése. Az elöljáró nem erőltet, hanem tanít, mert az istenfélelem kierőszakolt cselekedete egyáltalán nem istenfélelem. Az istenfélő tett az újjászületett, új szövetséget kötött szív szándékos döntéséből fakad.

Amikor az elöljárók tanítanak, a gyülekezet elkezd szolgálni és jó cselekedeteket véghezvinni. Csodálatos képet tár elénk erről a mintáról a Cselekedetek 16, ahol Pál és társai első ízben jelennek meg Filippiben. Pál asszonyok egy csoportját tanítja, köztük Lídiát is. „Az Úr megnyitotta a szívét, hogy figyeljen arra, amit Pál mond" – olvassuk (14. v.). Pál bemeríti őt. Lídia ekkor azt mondja Pálnak és kísérőinek: „Ha úgy látjátok, hogy az Úr híve vagyok, jöjjetek, szálljatok meg a házamban!" A beszámolót író Lukács így fejezi be: „És kérlelt bennünket" (15. v.). Pál tehát prédikált, Lídia megtért, és azonnal munkához látott, vendégszeretetet tanúsítva.

Felkészítés a példaadás révén

Az elöljárók nem csak tanítanak. Életükkel példát is kell mutatniuk a nyájnak. „A közöttetek levő presbitereket tehát kérem" – tanítja Péter: „legeltessétek az Isten közöttetek levő nyáját" (1Pt 5,1-2). Hogyan tegyék ezt, Péter? Úgy, hogy „példaképei a nyájnak" – feleli az apostol (3. v.).

Az elöljáró felhívja az embereket, hogy kövessék az életét. Ezt mondja Pál a korintusiaknak: „Kérlek tehát titeket: legyetek az én követőim. Ezért küldtem el hozzátok Timóteust, aki szeretett és hű gyermekem az Úrban, aki emlékeztetni fog titeket arra: hogyan élek Krisztus Jézusban, és hogyan tanítok minden gyülekezetben" (1Kor 4,16-17).

A keresztyének néha meglepődnek azon, hogy amikor a Bibliában az elöljáró feladatainak leírását keresik, azt találják, hogy a szerzők rendszeresen az elöljáró jelleméről írnak (1Tim 3,2-7; Tit 1,6-9). Érdekes az is, hogy az elöljáró jellemének ezek a leírásai olyan tulajdonságokra mutatnak rá, amelyeknek minden keresztyént jellemezniük kellene – megfontolt, józan, tisztességes, vendégszerető, nem részeges, nem kötekedő, hanem megértő, a viszálykodást kerülő, nem pénzsóvár stb. Vajon nem kéne minden keresztyénnek törekednie ezekre? Csak két kivétel van: „tanításra alkalmas" és „ne újonnan megtért ember legyen". Az emberek talán nem értik, miért nem vár Pál rendkívülibb dolgokat az elöljáróktól, például ilyesmit: „tapasztalatot szerzett nagy szervezetek vezetésében", „hét árvaházat alapított" vagy „emberek százainak megtéréséhez vezető ébredés élén állt". Úgy tűnik, ennek oka közvetlenül visszavisz minket az elöljáró példaadásának gondolatához. Nemcsak tanítani kell tudnia, hanem olyan életet is kell élnie, amelyet a többi keresztyén utánozhat.

Az elöljárók nem alkotnak külön „osztályt" a keresztyének között, mint ahogy az arisztokraták elkülönültek a köznéptől, vagy a középkori papok a laikusoktól. Az elöljáró alapjában véve olyan keresztyén és gyülekezeti tag, akit azért különítettek el, mert a jelleme példás, és ezáltal tanítani tud.

Az elöljáró és a tag közti különbség – bár hivatalos megnevezésben is megnyilvánul – nagyrészt érettségükben jelent eltérést, nem pedig osztályukat tekintve. Akárcsak a gyermekét nevelő szülő, az elöljáró is szüntelenül azon munkálkodik, hogy a tag felnövekedjen és érettségre jusson. Kétségkívül különálló tisztségről van szó. És nem minden érett keresztyén alkalmas a betöltésére. Ám a lényeg akkor is ez: az elöljáró igyekszik megsokszorozni magát, amennyiben Krisztust követi (lásd 1Kor 4,16; 11,1). Képletesen szólva, bemutatja a kalapács és a fűrész használatát, majd a tag kezébe adja a szerszámokat. Zongorázik egyet vagy suhint a golfütővel, majd megkéri a tagot, hogy csinálja utána.

Azt mondhatjuk, hogy a lelkipásztor/elöljáró egész élete „bemutatásból és elmondásból" áll. Talán emlékszünk erre az oktatási módszerre. Egy játékot vittünk az órára, beszéltünk róla az osztálytársainknak, és megmutattuk nekik. Esetleg a kezükbe is adtuk, hogy lássák, hogyan működik.

Ilyen a lelkipásztor vagy az elöljáró élete. Azt mondja a gyülekezetének: „Hadd tanítsalak benneteket a kereszt útjára. Most figyeljétek meg, hogyan járok rajta. Így viseljük el a szenvedést. Így szeretjük a gyermekeinket. Így adjuk tovább az evangéliumot. Így néz ki a nagylelkűség és az igazságosság. Hadd mutassam meg, hogyan lehet bátran kiállni az igazság mellett és gyengéden bánni a megtört szívűekkel."

Tagokként mi a feladatunk az elöljáróinkkal kapcsolatban? A Zsidókhoz írt levél szerzője tömören vázolja: „Ne feledkezzetek meg vezetőitekről, akik az Isten igéjét hirdették nektek. Figyeljetek életük végére, és kövessétek hitüket" (13,7).

A többes vezetés előnyei

Ha az elöljáró feladata lefektetni egy minden keresztyén által követhető életmódot, akkor a gyülekezetek javára szolgál, ha egynél több elöljárójuk van. Csakugyan tanulunk a főállásban szolgáló emberektől. De attól az elöljárótól is tanulunk, aki főállásban dolgozik tanárként, a gyárban vagy a pénzügyi szektorban. A különféle hivatású emberek lehetővé teszik, hogy lássuk, hogyan festhet az istenfélelem különböző területeken. Ráadásul egy lelkipásztor csak bizonyos mennyiségű pásztori feladatot tud ellátni a hét folyamán. Ketten kétszer, hárman pedig háromszor annyit tehetnek, és így tovább.

Az Újszövetség sehol sem mondja meg, hány elöljárója legyen egy gyülekezetnek, de következetesen többes számban beszél a helyi gyülekezet „elöljáróiról/véneiről/presbitereiről", mint amikor Pál „elküldött Efezusba, és magához hívatta a gyülekezet véneit" (Csel 20,17), vagy amikor Jakab azt írta: „Beteg-e valaki közöttetek? Hívassa magához a gyülekezet véneit" (Jak 5,14; lásd még Csel 14,23; 16,4; 21,18; Tit 1,5).

Ráadásul semmi nem utal arra, hogy minden lelkipásztornak vagy elöljárónak fizetést kellene kapnia, és legalább egy szakasz arra utal, hogy csak egy részük kapjon (1Tim 5,17-18). Nehéz is elképzelni, hogy az első századi gyülekezetek minden elöljárójukat meg tudták volna fizetni. Például e könyv egyik szerzője sem gyülekezettől kapja a fizetését. Felekezetközi szolgálatoknál dolgozunk főállásban. Ám mindketten elöljáróként vagy lelkipásztorként szolgálunk a gyülekezeteinkben. Szeretünk úgy gondolni erre, mint az esti vagy hétvégi munkánkra. „Nem fizetett" vagy „laikus" elöljáróként szolgálni (nevezzük úgy, ahogy akarjuk) azt jelenti, hogy részt veszünk a rendszeres elöljárói megbeszéléseken, időnként tanítunk a gyülekezet életének különféle helyein, a segítségünket kérik lelkigondozást igénylő helyzetekben vagy családi válságok idején, házasság előtti tanácsadást végzünk stb. Azt is jelenti, hogy a gyülekezetnek mindig az imaéletünk előterében kell szerepelnie, bár reméljük, hogy az összes többi keresztyén is erre törekszik.

A több elöljáró nem jelenti azt, hogy a legtöbbször prédikáló lelkipásztornak nincs kitüntetett szerepe. Jakab különleges vezető szerepét elismerték a jeruzsálemi gyülekezetben (Csel 15,13; 21,18), akárcsak Timóteusét Efezusban és Tituszét Krétán. Korintusban Pál az igehirdetésnek szentelte magát oly módon, ahogy nem minden laikus elöljáró tehette (Csel 18,5; 1Kor 9,14; 1Tim 4,13; 5,17). Ráadásul a hűséges prédikátor Isten Igéjét rendszeresen hirdető hangként valószínűleg tapasztalni fogja, hogy a gyülekezet páratlan módon bízik benne, úgyhogy a többi elöljáró is úgy tekint rá, mint aki első az egyenlők közt, és „különösen" méltó a kétszeres megbecsülésre – a fizetségre (1Tim 5,17). Azonban az igehirdető vagy a lelkipásztor alapvetően csupán az elöljárók egyike, aki hivatalosan egyenlő a gyülekezet által elhívott összes többi emberrel.

A több elöljáró számos előnnyel jár:

- *Kiegyensúlyozza a lelkipásztori gyengeséget.* Egyetlen lelkipásztor sem rendelkezik minden ajándékkal. Más istenfélő emberek az övét kiegészítő ajándékokkal, hajlamokkal és meglátásokkal rendelkeznek.
- *Gyarapítja a lelkipásztori bölcsességet.* Egyikünk sem mindentudó.
- *Kiküszöböli a „mi és ő" mentalitást,* amely néha megjelenik a gyülekezet és a lelkipásztor között.
- *„Honosítja" a vezetést* a gyülekezetben, így ott a lelkipásztor távozása esetén is megmarad a vezetés szilárd erődítménye.
- *Kijelöli a tanítványság világos irányát* a gyülekezet férfitagjai számára. Isten nem minden férfit hív arra, hogy elöljáróként szolgáljon. De minden férfinak föl kell tennie magában a kérdést: „Miért ne szolgálnék és tennék meg mindent azért, hogy olyan emberré váljak, aki ily módon szolgálja a Testet?" Pál szerint jó törekedni erre (1Tim 3,1).
- *A nőknek is bemutatja a tanítványság példáját.* A hitben idősebb nőknek oda kell szánniuk magukat a fiatalabb nők tanítvánnyá tételére, amint azt az elöljárók is teszik (Tit 2,3-4).

A bizalom olaja

Az imént említettük, hogy Jézus tanítványképző programja olyan elöljárókból áll, akik teljesítik feladatukat: felkészítik a tagokat a feladatuk ellátására. Kulcsfontosságú felismernünk, hogy ez csak akkor működik, ha a tagok és az elöljárók között jelen van a bizalom. A bizalom jelenti az olajat, amely lehetővé teszi Jézus tanítványképző programjának működését. Enélkül csikorogva leállnak a fogaskerekek.

Gondoljunk bele! Azokat az embereket hallgatjuk meg, utánozzuk és követjük, akikben megbízunk. Ha elhiszem, hogy valaki tisztességesen él, szeret engem, és szem előtt tartja az érdekeimet, akkor könnyebb lesz elfogadnom az útmutatását és a helyreigazítását akkor is, ha az nehezen emészthető. Ha ezeken a területeken nem bízom benne, akkor minden szavát megkérdőjelezem és kétségbe vonom, még az egyszerű dolgokban is. Ezért az egészséges gyülekezetben megbízhatók a vezetők, de a tagok is hajlandóak bízni.

A Covid miatti korlátozások részben azért jelentenek olyan komoly kihívást, mert a bizalom természetes módon csökken, amikor az emberek nem látják egymást. A konfliktushelyzeteket leszámítva a fizikai jelenlét segíti a bizalom megteremtését.

- „Igen, ismerem őt. Együtt ebédeltünk. Jó fej. Kedvelem."
- „Az e-mailben folytatott eszmecserénk egyre jobban elfajult. Aztán személyesen beszélgettünk, és mindent tisztáztunk. Most minden szempontból jobb a helyzet."

A személyes jelenlét általában fokozza a bizalmat, a távollét pedig kísértést jelent a szívünknek, hogy aggódjunk, szkeptikusak legyünk, sőt féljünk. Kétségkívül sok lelkipásztor rájött a Covid miatti korlátozások idején, hogy a gyülekezeti bizalom készletei, melyeket évek alatt halmoztak fel, gyorsan megfogyatkoztak. 2020 tavaszán, a korlátozások első heteiben a gyülekezetekben nem éreztünk komoly gondokat. Ám amint a hetekből hónapok lettek, fokozódott a nyomás. Világszerte sok országban szigorították az intézkedéseket. Ezeket a politikai feszültségeket súlyosbította, hogy a gyülekezetek nem vagy csak korlátozott módon gyűltek egybe. Az olyan gyülekezet, amely nem jöhet össze és csekély bizalomkészlettel rendelkezik, ahhoz az autóhoz hasonlít, amelynek motorjában kevés az olaj. Ahogy az imént említettük, a fogaskerekek súrlódni kezdenek – egyik tag összezördül az elöljárókkal, vagy a tagok egymással, a közösségi médián keresztül is. Az egység ellen ható politikai nyomások lépésről lépésre fokozódtak, míg az egész gyülekezet egybegyűlésének akadályai még inkább megnehezítették a tagok közti és az elöljárók iránti bizalmat.

Collin és jómagam egyaránt olyan lelkipásztorok tucatjaival beszéltünk, akiket a jobboldal, a baloldal vagy mindkettő bírált. Említettek olyan tagokat – köztük a gyülekezetük régóta szolgáló vezetőit is –, akik távoztak amiatt, amit e lelkipásztorok mondtak és amit nem mondtak.

Itt nem foglalkozhatunk a politikai kérdésekkel, de talán szólhatunk néhány szót lelkipásztorként azokhoz az olvasókhoz, akik esetleg elveszítették a gyülekezeti vezetőikbe vetett bizalmukat, akár politikai, akár más okokból. Ha az olvasó közéjük tartozik, az komoly dolog. A szellemi növekedésünk elsődleges eszköze Isten Igéjének hallása. Ha tehát mi magunk – vagy a házastársunk, a gyermekeink – nem bízunk a lelkipásztorokban, akkor nehezen fogjuk tudni meghallani tőlük hétről hétre Isten Igéjét, ami idővel ártani fog nekünk szellemileg. Ezért ezzel a problémával foglalkozni kell, és ha lehetséges, meg kell oldani.

Talán bennünk van a probléma. Legalább fontolóra kell vennünk ezt a lehetőséget, különösen, ha a barátaink és más vezetők ellen fordulunk, akiket évek óta ismerünk és megbízhatónak tartunk. Imádkozzunk ez ügyben, és kérjünk kritikát valakitől, akiben megbízunk. Talán egy vagy több elöljáróban van a probléma. Ha ez a helyzet, közvetlenül velük kell megbeszélnünk a dolgot.

Mi itt nyilván nem diagnosztizálhatjuk az olvasó konkrét helyzetét. De azt elmondhatjuk, hogy ha a bizalom helyreállítását célzó minden erőfeszítésünk meghiúsult, akkor talán keresnünk kell egy másik gyülekezetet, ahol eléggé meg tudunk bízni a lelkipásztorokban ahhoz, hogy megengedjük nekik, hogy szükség esetén kérdőre vonjanak minket. Ne olyan gyülekezetet keressünk, amely csak megerősíti mindazt, amit már úgyis tudunk.

Igen, a keresztyéneknek mindig a megbékélésre kell törekedniük. Ám az alázat néha megköveteli, hogy egy időre félretegyük a makacs konfliktusokat, és kérjük az Urat, hogy a maga idejen és módján megoldja őket. Amíg ez be nem következik, addig is rendkívül fontos, hogy továbbra is a megingott bizalom kerékkötője nélkül tudjuk hallgatni és alkalmazni Isten Igéjét. Lelkipásztorként inkább amellett volnék, hogy hagyja el a gyülekezetemet az az ember, aki nem bízik bennem – ha meg vagyok is győződve róla, hogy téved, és nekem van igazam –, hogy idővel másutt növekedhessen az istenfélelemben. Talán Isten máshol hirdetett Igéjének hallása lehetővé teszi számára a gyarapodást, úgyhogy egy napon kibékülhetünk. És valószínűleg nekem is szükségem van némi fejlődésre. Fontosabb, hogy az embereknek olyan vezetőik legyenek, akikben megbíznak, mint hogy az *én* vezetésem alatt álljanak. A jó hír az, hogy minden evangéliumhirdető gyülekezet Isten országának egyazon csapatában játszik.

Mi a helyzet a diakónusokkal?

A lelkipásztorok/elöljárók mellett az Újszövetség egyetlen további tisztséget ismer el: a diakónusokét. A diakónusok nem egy második döntéshozó testületet alkotnak, mint a kétkamarás parlamentekben az egymást ellensúlyozó alsó- és felsőház. Isten három feladatot bíz a diakónusokra: a kézzelfogható szükségletek észrevétele és betöltése, a gyülekezeti egység védelme és elősegítése, valamint az elöljárók szolgálatának segítése és támogatása. Képletesen szólva, ha az elöljárók azt mondják: „Menjünk el ezzel az autóval Debrecenbe!" – akkor nem az a diakónusok feladata, hogy azt feleljék: „Nem, inkább Győrbe menjünk." Azzal szolgálják az elöljárókat és az egész gyülekezetet, ha azt felelik: „Ennek az autónak a motorja nem visz el minket Debrecenig."

A Cselekedetek 6-beli történetben sehol nem szerepel a *diakónus* főnév, de ugyanazon szó igei alakja megtalálható benne. A Bibliában ezt a „szolgál" szóval adták vissza. A történet háttere a következő. A jeruzsálemi gyülekezet etnikailag megosztott volt – ami a világtörténelemben mintha gyakran megesett volna. Az ételosztásnál elhanyagolták a görögül beszélő özvegyasszonyokat a héberül beszélő özvegyekhez képest. Az apostolok megállapították, hogy nem szolgálja a gyülekezetet, ha ők „diakónuskodnak az asztaloknál", mivel ők arra hívattak el, hogy az Ige hirdetésének és az imádságnak szenteljék magukat. Ezért azt mondták a gyülekezetnek, hogy keressenek istenfélő embereket, akik gondoskodhatnak az özvegyek ellátásáról. Az emberek testi jóllétével való törődés Isten gondoskodását testesíti meg, gyakran szellemileg is használ nekik, és bizonyságtételt jelent a gyülekezeten kívüliek számára.

A fizikai gondoskodáson túl a diakónus feladatának második összetevője a test egységére való törekvés. A diakónusok az özvegyek ellátása révén segítettek méltányosabbá tenni az étel elosztását az említett asszonyok között. Ez fontos volt, mert a *fizikai* mellőzés *szellemi* széthúzást okozott a Testben (vö. Csel 6,1). A diakónusokat azért jelölték ki, hogy elhárítsák a gyülekezet megosztottságát. Az volt a feladatuk, hogy a Test lengéscsillapítójaként járjanak el.

A diakónusok feladatának harmadik összetevője az apostolok szolgálatának támogatása volt. A diakónusok az özvegyasszonyokat szolgálva támogatták az Ige tanítóinak szolgálatát. Ebben az értelemben a diakónusok alapvetően az elöljárók szolgálatának bátorítói és támogatói. Milyen eredményhez vezetett ez? „Az Isten igéje pedig terjedt, és nagyon megnövekedett a tanítványok száma Jeruzsálemben." (Csel 6,7)

Ha minden keresztyén arra hívatott, hogy szolgáljon és igyekezzen fenntartani a gyülekezet egységét, akkor miért kell hivatalosan elismerni a diakónusi tisztséget? Azért, mert ez arra emlékezteti a gyülekezetet, hogy ez a szolgálat milyen közel áll az evangélium lényegéhez és a mi Urunk, Jézus Krisztus szívéhez. Ő nem azért jött, hogy Neki szolgáljanak, hanem hogy Ő szolgáljon – mondja. És a „szolgáljon" szó megfelelőjeként ugyanazt a szót használja, mint amit a „diakónus" szavunkkal adunk vissza (Mk 10,45). Jézus azért jött, hogy „diakónuskodjon". Ahogy az elöljárók példát mutatnak a keresztyén tanítás szerinti életre, úgy a diakónusok példát mutatnak a szolgáló életre.

Adjunk hálát Istennek az elöljárók és a diakónusok ajándékaiért. Reméljük, hogy a gyülekezet újrafölfedezése során az olvasó emlékezetébe vésődik az *ajándékok* szó. Isten szeret miket, és Ő adta nekünk ezeket az ajándékokat: az elöljárókat és a diakónusokat. Ajándéknak tekintjük őket? Hálát adunk Istennek értük mint ajándékokért? Megtehetjük. Az érdekünkben és az evangélium előmozdítása végett teszik a dolgukat. Isten komoly feladatot bízott rájuk: „ők vigyáznak lelketekre úgy, mint akik erről számot is adnak" (Zsid 13,17). Megbízhatunk bennük, hogy elvégzik ezt a munkát – és engedelmeskedhetünk nekik –, ha bízunk abban, hogy az őket ismerő és mindent látó Isten számon fogja kérni tőlük a szolgálatukat.

Ajánlott olvasmányok

Rinne, Jeramie. *Church Elders: How to Shepherd God's People Like Jesus* (Gyülekezeti vezetők – Hogyan pásztoroljuk Jézushoz hasonlóan Isten népét). Wheaton, IL: Crossway, 2014.

Smethurst, Matt. *Deacons: How They Serve and Strengthen the Church* (Diakónusok – Hogyan szolgálják és erősítik a gyülekezetet). Wheaton, IL: Crossway, 2021.

Zárszó:
Nem az áhított gyülekezetet kapjuk, hanem jobbat

Két történettel szeretnénk zárni könyvünket. Először is ismerkedjünk meg Tiborral és Adéllal. Nem ez az igazi nevük, és néhány részletet megváltoztattunk, de létező emberekről van szó. Tibor és Adél évekig szolgált misszionáriusként egy ázsiai nagyváros kis gyülekezetében. Most az Egyesült Államok déli részén élnek egy sok gyülekezetnek otthont adó nagyvárosban, és hetente járnak gyülekezetbe.

Sajnos, a missziómezőn végzett szolgálatuk megviselte a házasságukat, és ma már állandóan veszekednek. Ha Tibort kérdezzük, azt feleli, hogy Adél folyton bírálja őt. És az igazat megvallva már azon kezdett tűnődni, hogy ki fogja-e bírni élete végéig e nő mellett. Adél ugyanígy érez. Tibor könnyed bájától, amely mindenki mást mosolyra késztet, felfordul a gyomra. Hová tűnik ez a báj, amikor Tibor mogorván hazatér, élesen a gyerekekre rivall, és számonkéri feleségén, hogy mit csinált egész nap? Adél azon tűnődik, miért is ment hozzá feleségül.

Ám mindezek mögött van még egy probléma: nincs igazán kapcsolatuk a gyülekezetük tagjaival. A közösség peremén élnek. Vasárnaponként részt vesznek a 75 perces istentiszteleten, de ez minden. Senki sem tudja, hogy küszködnek, és sosem beszélnek a küzdelmeikről.

Ironikus módon Tibor és Adél érett keresztyénnek tartja magát. Mindketten azóta vezettek bibliaórákat, hogy a keresztyén főiskolán hallgatói csoportok élén álltak. Használni tudják a megfelelő szavakat, amikor mások előtt imádkoznak. Ám büszkébbek, mint sejtik. Nem ismerik fel, milyen nagy szükségük van a gyülekezetre, és hogy Jézus a gyülekezetük révén akar gondoskodni róluk. Ezért a közösség peremén maradnak, és nem hagyják, hogy a gyülekezet tudjon a küzdelmeikről és jótékony hatással legyen rájuk.

Mit várunk Tibortól és Adéltól? Azt, hogy megalázzák magukat, és mélyebben beépüljenek a gyülekezetbe, ha ez áldozatokkal jár is. Megtalálhatnák a módját, hogy heti teendőiket csökkentsék a kapcsolatok ápolása végett. Újragondolhatnák a nyári és pihenési terveiket, megpróbálva más tagokat is bevonni ezekbe. Őszintén szólva azt is fontolóra vehetnék, hogy közelebb költöznek a gyülekezethez, megkönnyítve a gyakori kapcsolódási pontok létrejöttét. Ha elhozunk némi élelmiszert egy másik tag házához, abból könnyen kialakul egy félórás beszélgetés, ami ritkán történik meg, ha egymástól félórányira lakunk. Ezek a be nem tervezett beszélgetések nem használnak az időbeosztásunknak, de sokat használhatnak a lelkünknek.

A második történet Jázminról szól. Jázmint a nevelőapja fizikailag és szexuálisan bántalmazta, majd nevelőotthonba került, ahol ugyanilyen bántalmazást szenvedett el. Isten kegyelméből fiatal felnőttként keresztyénné lett, és keresztyén férfihoz ment feleségül. Ám a házasságuk első éveit nehézzé tette a Jázmin lelke mélyén még mindig meglévő sok seb, félelem, harag és sérülés.

Isten csodálatos módon türelmes férjet és szerető gyülekezetet adott Jázminnak. A házaspár az első években sok időt töltött lelkigondozással. Jázmin a gyülekezet női tagjaival is sokat volt együtt. Hétről hétre hallgatták Isten hirdetett Igéjét, és tanulmányozták a Bibliát.

Jázmin apránként kezdett megnyílni, mint nap melegétől a félénk virág. Megtanult bízni másokban. Erőt vett indulatos természetén. Többé nem tekint fenyegetésnek mindenkit, aki jelen van az életében. Már nem látja az irányításért és önvédelemért vívott harcnak a napjai minden percét. Sőt, elkezdett kifelé fordulni, megtanult másokat szeretni és rájuk összpontosítani a figyelmét. Mi fáj nekik? Milyen terheket cipelnek? Hogyan adhatja át magát a szeretetüknek? A nem keresztyén rokonai és barátai, akik gyermekkorában ismerték őt, csak ámulni tudtak.

Mit várunk Jázmintól? Azt, hogy folytassa az utat. Továbbra is fektesse másokba az energiáját, akkor is, amikor másoktól várja ugyanezt.

Nem kell extrovertáltnak lennünk ahhoz, hogy hűséges gyülekezeti tagok legyünk. Egyeseknek sok a felhasználható érzelmi energiájuk, másoknak kevés. Csupán azt akarjuk mondani az olvasónak, hogy költse el, amije van. Legyen hűséges azoknak a forrásoknak a tekintetében, amelyeket Istentől kapott annak érdekében, hogy szeresse gyülekezetét és élvezze annak szeretetét.

Ne menjünk vásárolni

Amint a könyv elején mondtuk, sok okunk van arra, hogy ne járjunk gyülekezetbe. Ezért látjuk a történelem jelen pillanatát alkalmasnak a gyülekezet újrafölfedezésére. A gyülekezettől való elsodródás nem a világjárvánnyal vagy a politikával kezdődött. A világ olyan ösztönöket táplál mindnyájunkba, amelyek szemben állnak a gyülekezet könyvünkben bemutatott képével. Ha a gyülekezetek boldogulni akarnak mindazon dolgok közepette, amelyeket az ismeretlen jövő tartogat, akkor újra föl kell fedezni őket.

Az alapvető problémára utal a mai nyelvezet is, melyet az emberek a gyülekezetkeresést illetően használnak. Egyesek azt mondják, hogy „bevásárolnak" gyülekezetből. Ha így gondolkodunk, akkor azt kérdezzük, mit tehet értünk a gyülekezet, nem pedig azt, hogy mit tehetünk mi érte. A bevásárlás arra is utal, hogy a gyülekezet pusztán ízlés kérdése, mint a különféle márkájú ketchupok közti választás. És a vevőnek mindig igaza van. A hűség csak addig tart, amíg a gyülekezet megfelel az igényeinknek.

Gondoljunk a technika szerepére. Már említettük, hogy az online videogyülekezetek és podcastok azt a benyomást keltik, hogy a szellemi növekedésünkhöz nincs szükségünk más egyszerű keresztyénekre. Ha a YouTube-on megtalálhatjuk a kedvenc zenénket és a kedvenc igehirdetőnket, akkor olyan személyre szabott szellemi élménnyel szolgálhatunk magunknak, amely felülmúl minden sületlen erőfeszítést, amelyet a közelben tapasztalhatunk, ahol olyan túlbuzgó családok között szorongunk, amelyeket eszünk ágában sincs megismerni.

Azonban nem tegnap kezdődött az a kihívás, amelyet az új technikák jelentenek a gyülekezetek számára. Nem mi állapítjuk meg először, hogy az autók sok gyülekezetben gyakorlatilag véget vetettek a gyülekezeti fegyelemnek. Az ember hirtelen elválhatott a feleségétől ok nélkül, és autóba ugorva egyszerűen másik negyedben vagy városban levő gyülekezetbe kezdhetett járni. Így sosem kellett szembenéznie annak követelményével, hogy bűnbánatot tartson a gyülekezet vezetői előtt, akik arra hívattak el, hogy védelmezzék a volt feleségét és a gyermekeit. Nem mintha az új technika szükségképpen rossz volna. Csupán arról van szó, hogy új kihívásokat teremt, melyeket gyakran nem veszünk figyelembe.

Ezért a gyülekezetet újra meg újra föl kell fedezni. Messzire távolodtunk attól, amit a Biblia a keresztyének figyelmébe ajánl. Pál apostol azt mondta a filippieknek: „Semmit ne tegyetek önzésből, se hiú dicsőségvágyból, hanem alázattal különbnek tartsátok egymást magatoknál; és senki se a maga hasznát nézze, hanem mindenki a másokét is." Ebben Jézus példáját állította eléjük, aki „Isten formájában lévén nem tekintette zsákmánynak, hogy egyenlő Istennel, hanem megüresítette önmagát, szolgai formát vett fel, emberekhez hasonlóvá lett" (Fil 2,3-4.6-7). Jézus megalázta magát, meghalva a kereszten, hogy Isten felmagasztalja Őt. Ha a gyülekezetben szeretetteljes egységre vágyunk, az önmegtagadás hasonló útját kell követnünk. Egyetlen más út sem visz fel a csúcsra, ahol Isten jóváhagyását találjuk: „Jól van, jó és hű szolgám" (Mt 25,21).

Ismerünk egy lelkipásztort, aki gyakran mondja, hogy senki sem kapja meg azt a gyülekezetet, amelyre vágyik. De mindenki megkapja azt a gyülekezetet, amelyre szüksége van. Messzemenőkig egyetértünk. Olyan gyülekezetekre van szükségünk, amelyek önmagunknál nagyobb dolgokra hívnak minket. Olyan gyülekezetekre van szükségünk, amelyek végső soron Istenhez hívnak bennünket. Jézus példáját követve megkapjuk a gyülekezetet, amelyre szükségünk van.

Jellemformáló intézmény

Ma mindnyájunkat arra nevelnek, hogy használjuk ki a figyelem és az elfogadás elérésére irányuló egyéni céljaink érdekében az olyan intézményeket, mint a család, a munkahely és az iskola. Miután megkaptuk, amit akartunk, vagy az intézmény olyasmit kér tőlünk, amit nem akarunk megadni, megszabadulhatunk tőle, és mást vehetünk célba. Keressünk új állást. Tegyünk szert új családra. Menjünk másik iskolába.

Ám a személyes növekedés általában nem így működik. A kapcsolatok többnyire nem késztetnek minket javulásra, ha nem szembesítenek bennünket a legrosszabb énünkkel. Gondoljunk bele: kik a legfontosabb emberek az életünkben? Ők mindig megerősítenek minket, jóváhagyva minden döntésünket? Vagy bízunk abban, hogy minden körülmények között szeretnek bennünket, és eléggé szeretnek ahhoz, hogy megmondják az igazat? A családtagjainkhoz és a barátainkhoz fűződő kapcsolataink a viszontagságok közepette erősödnek meg. Ők mögöttünk állnak, amikor a legjobb formánkat hozzuk, mellettünk állnak, amikor a legrosszabbat, és előttünk állnak, amikor a legsebezhetőbbek vagyunk.

Ezt a fajta gyülekezetet kell újra fölfedeznünk. A gyülekezet nem egy újabb intézmény, mellyel az önéletrajzunkat építjük és az identitásunkat javítjuk. A gyülekezet formál minket Isten embereivé. Együtt erősödünk meg. Ugyanakkor jobban megértjük, kikké akart tenni bennünket Isten egyénileg – megismerve egyedi képességeinket és vágyainkat. A gyülekezet nem törli el a személyiségünket, hanem javítja azt, összekapcsolva minket a Teremtővel, aki olyannak alkotott bennünket, amilyenek vagyunk, valamint másokkal, akik olyan szeretetet és erőt váltanak ki belőlünk, amelyről sejtelmünk sem volt. Talán nem kapjuk meg a gyülekezetet, melyre vágytunk. De megkapjuk a gyülekezetet, melyre nem is tudtuk, hogy szükségünk van.

Mindketten tisztában vagyunk azzal, milyen sok gyülekezet elmarad ettől a képtől. Az olvasó talán úgy véli, hogy alábecsüljük a kihívásokat. Ellenkezőleg, a helyzetünkből adódóan a legtöbb embernél sokkal többet tudunk a gyülekezetek árnyoldaláról. Magunk is tapasztaltuk azt. Másoktól is hallottunk róla. Láttuk a barátaink és a családtagjaink életében. Nem azt kérjük az olvasótól, hogy tolerálja a visszaélést vagy az eretnek teológiát. Könyvünkkel nem akarunk feltétel nélkül támogatni minden gyülekezetet, elnézve a hatalommal és tekintéllyel való visszaélést, amiről tudjuk, hogy gyakori a régebbi és a mai gyülekezetek között is.

Azonban meg vagyunk róla győződve, hogy a gyülekezetben számítanunk kell a súrlódásra. Ne várjuk el, hogy mindenkivel jól kijöjjünk. Ne számítsunk arra, hogy azonos lesz a látásunk, a fontossági sorrendünk, a stratégiánk. A súrlódás e pillanatai mindnyájunkat próbára tesznek. Fölvetik bennünk a gondolatot, hogy a másik közeli gyülekezetben könnyebb lenne a helyzet. Lehet, hogy csakugyan könnyebb lenne, legalábbis egy ideig, bár valószínűleg nem vég nélkül, mert abban a gyülekezetben is kegyelemből megváltott bűnösöket találunk. És magunk is kegyelemből megváltott bűnösök maradunk. Megtaláljuk majd a jót és a rosszat is, talán kisebb mértékben. De Jézus visszatérése előtt egyetlen gyülekezet sem kerülhet el minden nézeteltérést és csalódást.

Gondoljunk úgy a gyülekezetre, mint a köveken átcsapó hullámokra. A gyülekezet jelenti a hullámokat. Mi és a többi gyülekezeti tag vagyunk a kövek. A hullámok napról napra, évről évre szünet nélkül nyaldosnak minket. Mindegyik kövön átcsapnak, és egymáshoz ütik a köveket. Hónapról hónapra valószínűleg nem sok különbséget veszünk észre. Ám évek, sőt évtizedek múltán feltűnik a változás. A rájuk zúduló hullámoktól egymáshoz verődő kövek durva élei elsimulnak. Sima felületük csillogva veri vissza a napfényt. Nincs két kő, amely azonos mérettel vagy formával kerülne ki ebből a folyamatból. De a maga módján mindegyik gyönyörűvé válik.

Nem kellene meglepődnünk azon, hogy Péter, maga a „kőszikla", a kövek hasonlatával élve jellemzi a gyülekezetet. Péter először is azt akarja megértetni velünk, hogy a gyülekezet Jézus alapjára épült. Jézusra vonatkoztatja az Ézsaiás 28,16-ot: „Íme, leteszek Sionban egy kiválasztott drága sarokkövet, és aki hisz benne, nem szégyenül meg" (1Pt 2,6).

Másodszor, rá akar ébreszteni minket, hogy Isten nem számított arra, hogy mindenki drágának fogja látni Jézust. Számukra idézi az 1Péter 2,7-8-ban a Zsoltárok 118,22-t („az a kő, amelyet megvetettek az építők, sarokkővé lett") és az Ézsaiás 8,14-et („megütközés kövévé és botránkozás sziklájává").

Harmadszor, meg akarja láttatni velünk, hogy Jézus csodálatos dolgot épített fel – minket, a gyülekezetet: „Járuljatok Őhozzá, mint élő kőhöz, amelyet az emberek ugyan megvetettek, amely azonban Isten előtt »kiválasztott és drága«; ti magatok is mint élő kövek épüljetek fel szellemi házzá, szent papsággá, hogy szellemi áldozatokat ajánljatok fel, amelyek kedvesek Istennek Jézus Krisztus által" (1Pt 2,4-5).

Nem kell megértenünk itt minden ószövetségi utalást ahhoz, hogy ámultan lássuk, mit vitt véghez Isten a Gyülekezetben. A Jézusba vetett hit révén Isten megszabadított minket a bűnből Önmagának. Nem önállóan és magunknak szabadultunk meg. Isten bármelyikünknél sokkal nagyobb dolgot épít. Péter alig tudja visszafogni izgalmát: „Ti azonban választott nemzetség, királyi papság, szent nemzet vagytok, Isten tulajdonba vett népe, hogy hirdessétek nagy tetteit annak, aki a sötétségből az Ő csodálatos világosságára hívott el titeket; akik egykor nem az Ő népe voltatok, most pedig Isten népe vagytok, akik számára nem volt irgalom, most pedig irgalomra találtatok" (1Pt 2,9-10).

Sok minden folyik hát a helyi gyülekezetünkben, amikor nem működik a hangosító rendszer, a szabadban tartjuk az összejövetelt, mert odabent nem vagyunk biztonságban a betegség miatt, egy testvér horkolt az áldás alatt, egy másik ostobaságot posztolt a Facebookon, esetleg a lelkipásztornak nem volt elég ideje felkészülni a prédikációra, mert volt egy temetése és három váratlan kórházlátogatása. Amikor újra fölfedezzük a gyülekezetet, meglátjuk a szépséget ott, ahol a világ nagy része csak köveket lát.

Csak menjünk el

Azért írtuk ezt a könyvet, hogy segítsünk az olvasónak ismét ráébredni arra, miért nélkülözhetetlen Krisztus Teste. És most mi legyen? Mi a következő lépés? Jó hírünk van. Könnyebb a dolgunk, mint ahogy el tudnánk képzelni. Csak menjünk el, és kérdezzük meg, miben segíthetünk.

Igen, ez a könyv nagy tanulsága. (Collin írja:) Amikor újonnan belépett gyülekezeti tagokkal beszélgetek, teszek egy nagy ígéretet. És mindeddig senki nem jött vissza azzal, hogy félrevezettem. Megígérem, hogy ha következetesen eljönnek (a gyülekezetünkbe, ami a vasárnapi közös istentiszteletet és a szerdai házi csoportot jelenti), és igyekeznek törődni másokkal, akkor megkapnak mindent, amit a gyülekezettől kapni szeretnének – legyen szó szellemi növekedésről, barátságokról, bibliaismeretről vagy gyakorlati segítségről. E két egyszerű feladat teljesítése révén megkapják a gyülekezettől mindazt, amit akarnak.

Ha nem veszünk részt rendszeresen az alkalmakon, akkor nem részesülünk a gyülekezet jellemformáló élményében. Nem gyarapodik a bibliaismeretünk a tanítás révén, sem a kapcsolati mélységünk a másokkal való imádkozás által. És ha nem keressük mások javát, akkor megtanuljuk elítélni a gyülekezetet, amiért az nem tölti be a szükségleteinket, és mások nem törődnek velünk. Soha egyikünk sem látta, hogy emberek újra felfedezték a gyülekezetet, és megkapták a közösségtől azt, amire vágytak, ha nem jártak oda következetesen, és nem kérdezték meg másoktól, miben segíthetnek.

Ne feledjük, hogy mi vagyunk Krisztus Teste. Lehetünk kéz, fül vagy szem. Bármelyik testrész legyünk is, nélkülözhetetlenek vagyunk. Nélkülünk nem működik rendesen a Test. És nekünk is szükségünk van Krisztus Testére. Menjünk el tehát, és érdeklődjünk. A többi keresztyénnek nagyobb szüksége van ránk, mint gondolnánk. Egy napon megértjük majd, milyen nagy szükségünk volt nekünk is rájuk.

Köszönetnyilvánítás

COLLIN KÖSZÖNETET MOND David Byersnek a könyv megírása során nyújtott kézzelfogható támogatásáért és imádságaiért. Hálásan elismerjük továbbá, hogy a könyvünkben engedéllyel felhasználtuk az alábbi cikkek és könyvek kisebb részeit: *2. fejezet*: Jonathan Leeman, „The Corporate Component of Conversion" (A megtérés testületi összetevője), 2012. febr. 29., 9Marks.org; *3. fejezet*: Jonathan Leeman, „Do Virtual Churches Actually Exist?" (Valóban léteznek virtuális gyülekezetek?), 2020. nov. 9., 9Marks.org; „Churches: The Embassies and Geography of Heaven" (Gyülekezetek – A menny követségei és földi helyei), 2020. dec. 20., 9Marks.org; *5. fejezet*: Jonathan Leeman, „Church Membership Is an Office and a Job" (A gyülekezeti tagság tisztség és feladat), 2019. máj. 7., 9Marks.org; *6. fejezet*: Jonathan Leeman, *Is It Loving to Practice Church Discipline?* (Szeretetteljes dolog-e a gyülekezeti fegyelem gyakorlása?) (Wheaton, IL: Crossway, 2021); „The Great American Heartache: Why Romantic Love Collapses on Us" (A nagy amerikai szívfájdalom – Miért omlik össze rajtunk a romantikus szerelem?), 2018. nov. 21., DesiringGod.org; *9. fejezet*: Jonathan Leeman, „Church Membership Is an Office and a Job", 2019. máj. 7., 9Marks.org; *Understanding the Congregation's Authority* (A gyülekezet tekintélyének megértése) (Nashville: B&H, 2016).

Az egészséges gyülekezet

Egészséges-e a gyülekezetünk?

A 9Marks célja bibliai látással és gyakorlati eszközökkel ellátni a gyülekezeti vezetőket, hogy egészséges gyülekezetek révén mutassák be Isten dicsőségét a nemzeteknek.

Ezért szeretnénk segíteni a gyülekezeteknek növekedni az egészség kilenc ismertetőjele szempontjából, melyeket gyakran szem elől tévesztenek:

1. magyarázó igehirdetés,
2. biblikus tanítás,
3. az evangélium biblikus felfogása,
4. a megtérés biblikus felfogása,
5. az evangelizáció biblikus felfogása,
6. gyülekezeti tagság,
7. biblikus gyülekezeti fegyelem,
8. biblikus tanítványság,
9. biblikus gyülekezetvezetés.

A 9Marks munkatársaiként cikkeket, könyveket, recenziókat írunk és online folyóiratot adunk ki. Konferenciákat szervezünk, interjúkat rögzítünk, és további forrásokat készítünk, hogy a gyülekezeteknek segítsünk bemutatni Isten dicsőségét.

A honlapunk több mint 30 nyelven kínál tartalmakat, és az olvasó feliratkozhat ingyenes online folyóiratunkra. Az idegen nyelvű weboldalaink teljes felsorolása itt található: 9marks.org/about/international-efforts/.

9Marks.org

TGC | THE GOSPEL COALITION

A The Gospel Coalition (TGC) támogatja az gyülekezeteket abban, hogy minden nemzetet tanítványokká tegyenek azáltal, hogy megbízható és időszerű, meggyőző és bölcs, evangéliumközpontú forrásokat biztosít.

A több mint 40 reformált hátterű lelkipásztorból álló tanács vezetésével a TGC az evangéliumközpontú szolgálatot igyekszik előmozdítani a következő generáció számára azáltal, hogy tartalmakat (többek között cikkeket, podcastokat, videókat, tanfolyamokat és könyveket) kínál, valamint vezetőket hív össze (beleértve konferenciákat, virtuális eseményeket, képzéseket és regionális központokat).

Mindezzel szeretnénk segíteni a keresztyéneknek szerte a világon abban, hogy jobban megértsék Jézus Krisztus evangéliumát, és alkalmazzák azt a 21. században az élet minden területén. A bibliai igazságot szeretnénk kínálni egy olyan korban, amikor nagy a zűrzavar. Evangélium-központú reményt akarunk nyújtani a keresők számára.

Csatlakozz hozzánk a TGC.org oldalon, hogy felkészülhess arra, hogy szeresd Istent teljes szívedből, lelkedből, elmédből és erődből, és szeresd felebarátodat, mint önmagadat.

TGC.org